"十四五"时期国家重点出版物出版专项规划项目
杰出人物的青少年时代［文库］

宋庆龄

陈漱渝　梁雁——著

中国青年出版社

宋庆龄

Soong Ching Ling

宋庆龄
Soong Ching-ling
1893年1月27日—1981年5月29日

宋庆龄是20世纪最伟大的女性之一。她出生在中国因落后贫弱而被列强欺侮的19世纪末。在具有革命思想的开明父母的培养下，宋庆龄成为中国第一批赴美留学的官派女学生。

宋庆龄始终从爱国主义立场出发，关注、参与中国革命，并在各个历史转折关头，做出了正确选择：辛亥革命低潮时捍卫共和、国共第一次分裂时捍卫三大政策、中共遭受严重挫折时支持共产主义事业、在抗战中响应中共号召投身民族独立斗争、抗战胜利后站在人民一边继续奋斗。在一次次战斗和实践中，她不断自我超越，并在弥留之际加入了中国共产党。

为了实现中国的独立、民主和富强，宋庆龄奉献了一生。她是近代中国爱国主义者的杰出代表。她以坚定的信仰、不屈的力量和独特的人格魅力，赢得了人民的尊重和爱戴。

目录

001 / 第一章　爱思考的雪孩子

011 / 第二章　父辈播下爱国的火种

025 / 第三章　赴美留学的中国女孩

035 / 第四章　接近了革命运动的中心

047 / 第五章　冲破世俗枷锁，勇追精神之爱

057 / 第六章　有情人终成眷属

071 / 第七章　当学徒的时代

081 / 第八章　回国反袁，两次"护法"

097 / 第九章　桂林扎营，准备北伐

105 / 第十章　"笃爱有缘共死生"

117 / 第十一章　一位得力的助手

141 / 第十二章　伉俪联袂北上，谋求和平统一

157 / 第十三章　哲人萎谢，劳燕分飞

173 / 第十四章　志先生之志，行先生之行

189 / 第十五章　扬子江心，中流砥柱

213 / 第十六章　在世界革命力量的心脏莫斯科

227 / 第十七章　侨居柏林，为奉安大典回国

241 / 第十八章　痛失挚友，发表《宋庆龄之宣言》

251 / 第十九章　支持十九路军抗战到底

261 / 第二十章　领导民权保障斗争

275 / 第二十一章　会见萧伯纳

285 / 第二十二章　一次成功的反战会议

295 / 尾声:"我一生的莫大光荣"

这是个雪孩子!

——

宋嘉树
（宋庆龄之父）

第一章

爱思考的雪孩子

1893①年1月27日，清光绪十八年十二月初十，纷纷扬扬的雪花不停地飘落，上海全城银装素裹。就在这一天，一个可爱的女婴，在上海虹口美租界有恒路628号C（今东余杭路530号）②，跟纷乱的雪花一起，在纷乱的世界坠地。这个跟雪花一样纯洁而柔嫩的孩子，给风雪呼啸的人间带来了新的希冀。父亲宋嘉树（1861—1918）③迎来了他们的第二个女儿的降生，他激动地用英语夸奖说："这是个雪孩子！"宋嘉树还为她起了个教名——Rosamonde（罗莎蒙德），以纪念恩人里考德牧师的女

---

① 此处采用新华社1981年5月公布的宋庆龄出生日期。1980年2月7日宋庆龄在复函全国妇联妇女运动史研究室的信中称："我原籍海南岛，在上海出世，和毛主席同一年生，出生日期是一月二十七日。"毛泽东生于1893年，据此，宋庆龄的生日为1893年1月27日。
② 关于宋庆龄出生的具体地点，目前学界有三种说法：（一）在上海浦西南市十六铺一带；（二）在虹口东有恒路628号C(今东余杭路530号)；（三）在当时属于江苏的川沙县城厢镇"内史第"沈宅（今上海市川沙县城厢镇南市街65—69号处）。多数专家学者倾向于浦西虹口说。此处采用浦西虹口说，参照资料为载于1998年第1期《孙中山宋庆龄研究信息资料》的《倪吉士生前谈宋庆龄出生地》。
③ 宋嘉树，原姓韩，名教准。后改姓宋，取名宋耀如、宋嘉树。关于宋嘉树的出生年份，有以下说法：（一）1861年。这一观点依据的是光绪六年（1880年）昼锦堂续修《韩氏家谱》的记载。其记韩鸿翼二儿子宋嘉树生辰为：咸丰辛酉年九月十四卯时（1861年10月17日）。盛永华主编《宋庆龄年谱》（2006年）取信1861年说法。（二）1864年。中国台湾"国立国父纪念馆"1999年编印的《追随国父革命群英小传》中，有宋嘉树传，注明他的生年为1864年。（三）1866年。美国哥伦比亚大学出版社1980年出版的《中国名人录》中有《宋嘉树（耀如）小传》说：宋嘉树出生于1866年。美国作家斯特林·西格雷夫的《宋氏家族》也认为宋嘉树出生于1866年。此处采用1861年说法，因《韩氏家谱》续修于1880年，离宋耀如出生最多不超过20年，应当不会将他的生辰八字弄错。

儿，他的知己好友罗莎蒙德·里考德。

宋庆龄出生的年代，中国正处在半殖民地半封建社会中，帝国主义的侵略和封建统治者的压榨，给中华民族带来了严重的民族危机和社会危机。与此同时，中国人民对外国侵略势力和封建专制压迫进行了英勇顽强的反抗，资产阶级民主革命运动正在兴起。宋庆龄的出生地上海，地处长江口，居东南水陆运输要冲，又是东西交通的枢纽。1843年，上海作为"五口通商"之一正式开埠，成为资本主义列强侵略中国的桥头堡。上海成了帝国主义冒险家的乐园，也是中国人民革命运动的策源地之一。

父亲宋嘉树相信他的每一个孩子都是仁慈的上帝赐给他的宝贝，所以对他们都极为钟爱，有时甚至比较娇纵。这虽然使孩子们有些任性，但同时也使他们深信世上无难事，似乎大千世界的一切都可以听从他们的安排。他还喜欢唱歌，是个很好的男中音。这对培养孩子们的音乐爱好也产生了很大影响。在家里，宋嘉树晚间会给孩子们唱歌，有宗教歌曲，也有民歌和通俗歌曲，都是他在美国的北卡罗来纳州和田纳西州时学来的。宋庆龄直到八十高龄，在一天辛勤工作之余，作为休息，还常在卧室里一面弹钢琴，一面哼着小时候父亲唱的一些歌曲。现在，在上海和北京的宋庆龄故居中，就有她父亲留下来的歌曲书，比如《纳什维尔第一卫理公会教堂青年赞美诗集》《合唱及独唱歌曲集》。

宋嘉树常常向孩子们讲述自己青少年时期的曲折经历，讲述异域风情和奇闻逸事。父亲与命运抗争不怕艰难困苦不屈不挠的意志、不卑不亢谦虚自尊的精神，以及坚忍耐劳勇敢开拓的品质，使孩子们肃然起敬，也使他们对那个陌生的国度充满神往。他强烈的爱国主义和民主主义思想，以及对子女大胆和有远见的培养，都对宋庆龄思想和品格的形成有着潜移默化的影响，也使宋庆龄从小就深信孙中山①的思想和事业的正义性。在这个意义上，宋嘉树是宋庆龄走上革命道路的启蒙者。

宋嘉树认为向发达国家学习是实现中国富强的一种手段。他牢牢记得自己当年偷偷从波士顿的那个小店逃出来的情景。当大女儿蔼龄出生的时候，他就决定自己的孩子不要遇到像他一样的困阻，要将男孩女孩一律看待，让他们接受教育，并送去留学。

母亲倪珪贞②（1869—1931）是中国早期新式妇女的样板。幼年时读家塾，9岁入学校，15岁升入上海西门的裨文女学③，18岁毕业。由于成绩优异，还留校任教一段时间。

对于孩子的教育，倪珪贞采用的则是斯巴达式的教育，对孩子很严格，生气时要打孩子们的屁股。这个善良而极有主见的女人，一生最大的愿望就是教导孩子们学习自我独立。当女子教育问题在中国刚刚被提出的时候，宋母就不仅决定把女儿都送进学堂，而且决定让

---

① 孙中山（1866—1925），谱名"德明"，在家乡上学时名"文"，号"逸仙"。1897年在日本从事革命活动时曾化名"中山樵"。后来将"孙"的本姓与化名中的日本姓"中山"连用，成为孙中山的惯称。
② 倪珪贞，一些书写作倪桂珍。上海宋庆龄故居纪念馆藏《宋母倪太夫人讣告》写作：倪珪贞。此处，采用《宋母倪太夫人讣告》上的写法。
③ 裨文女学是上海的第一所女子学校，于1850年4月15日创设。

*
宋庆龄与母亲合影。

她们将来都去留学。宋母自己喜爱读书而不爱干家务活，却请来两位守寡的贫妇培养女孩子们从事家务劳动的本领，使她们生活上也能自立。她要求孩子们办事认真，并以身作则。她校对书馆出版的《圣经》时，就要求不出一个错字，因为任何差错在她看来都是对上帝的亵渎。她还禁止孩子们跳舞和玩上帝不喜欢的游戏。在孩子当中，她最宠爱美丽而富于幻想的庆龄。亲友们认为，庆龄很多脾气也像她的母亲。

宋家还有一个非正式的成员——保姆魏妈。给童年时代的宋庆龄留下最深印象的，是魏妈热爱孩子的善良心地。每天晚上，庆龄跟她的姐妹们讲完神怪故事，都会害怕得不敢睡觉。这时，魏妈就会偷偷地上楼来给她们做伴。如果孩子们有点伤风感冒，魏妈又会主动到宋父、宋母面前替他们请假。她会夸大其词地说："着凉，咳嗽，不休息就会变成大病。请一天病假，总比缺一月一年的课好。"听到魏妈说得这样入情入理，宋父、宋母就会慷慨地让孩子们休息一天……

宋庆龄的童年是幸福和愉快的。她出生的时候，父亲宋嘉树已经辞去专任的教职，转而从事实业，家境渐好，日子慢慢富裕起来。坐落在有恒路的宋氏寓所是宋嘉树在事业渐获成功后，特意在上海虹口郊区农村买地自己设计建造的。

跟宋家正对的那栋楼房里，住着宋庆龄大姨妈一家。宋母遇到大大小小的事情，都爱到对面去找她的大姐——牛尚周夫人倪珪金商量。在倪家姐妹中，大姐是最有权威的人。宋庆龄晚年给亲友的信中，还亲切回忆起儿时跟表弟妹们隔着一条小弄堂窗对窗说话的情景。

9岁那年①，庆龄用罗莎蒙德的英文名字进入中西女塾读书。和庆龄一起入学的还有小她4岁的妹妹美龄。4年前，姐姐蔼龄也进入这所学校读书。这是一所教会女校，学校离宋家不远。

中西女塾是1892年上海监理公会②布道团团长林乐知创办的。为了纪念马克蒂耶（Mc Tyeire）主教，学校的英文名字为Mc Tyeire School。这是一所高级女子学校。在那上学的孩子，为在华外国人和中国上流家庭的女子。学校教育目标是培养一批具有西方文化素养的中国士子，以影响中国社会和政治生活。

宋庆龄从小爱动脑子，喜欢问问题，凡事喜欢寻根究底。随便什么问题，如果要她相信，她总要问个为什么。那时学校每星期三晚上都要请一些校外著名人士来学校主持讨论活动。庆龄常常大胆地提出这样那样的问题，而美龄不对牧师的说教提出任何异议。有一次，美龄生气地问庆龄："为什么你对巴斯德·赖提出问题？难道你不相信他的话吗？"这件事，反映出两姐妹从小已

---

① 宋庆龄留美护照所记其入读中西女塾的时间为1902年。另，宋庆龄写于1921年4月28日的自述中称"我在家读书，一直到十二岁才被送入教会学校"。宋庆龄多年后的自述在记忆上可能有误，或者指的是中国民间沿用的虚岁。因宋庆龄护照为目前所见当事人的原始记录，当为信史，故依护照记录。

② 监理公会：简称"监理会"，美国南方基督教新教卫斯理宗教会，1840年后传入中国。1939年与美以美会、美普会合并称"卫理公会"。1941年，上述在华三会合并为"中华基督教卫理公会"。

*

宋庆龄在中西女塾读书期间,在学校排演话剧。

见端倪的性格差异，说明庆龄从童年时代起，就喜爱思索，有追求真理的勇气。

宋庆龄还富于同情心，心肠很软。一次，她在学校里看见厨师宰鸭的情景，就跑开了，并为此哭了起来。从此，她在学校里再也不吃鸭子。一次上课，老师讲了《圣经》中的一个故事《饼和鱼的奇迹》。故事讲的是耶稣把所剩的几个饼和几条鱼祭天之后，分给了跟随他的几千人吃了。宋庆龄听了以后马上说，这不可能是真的，但她仍然愿意像基督教导的那样，为别人而活。

宋庆龄特别喜欢英语和文艺。一次，学校附设的幼稚园在学期结束前举行戏剧公演。小朋友们要排演童话剧，剧本中人物较多，有一个角色很难演，特意从小学部请宋庆龄协助演出。庆龄非凡的仪表、高雅的谈吐，跟她小时候受过艺术的陶冶显然是不可分的。

暑假是兄弟姐妹欢聚的时刻，但母亲并没有放松他们的学业。上午，她请来一位英国女教师教孩子们学英语和拉丁语；下午，她又请了一位中国教师教古典文学。为了不让孩子们在受了西洋教育后，变成马克蒂耶主教所希望的那种"失去民族性"的中国人，宋嘉树夫妇坚持让孩子们同时接受中国传统文化教育。

历史证明，成年后的宋家子女尤其是宋家三姐妹，由于性格、信仰与政治立场不同，虽然都各有作为，但独有宋庆龄以坚定的信仰和不屈的力量，在历史洪流中独树一帜，推动了中国的社会进步和发展。

宋君嘉树者，
廿年前曾与陆烈士皓东及弟初谈革命者，
廿年来始终不变，然不求知于世，
而上海之革命得如此好结果，此公不无力。
然彼从事于教会及实业，而隐则传革命之道，
是亦世之隐君子也。

——

孙中山

第二章

父辈播下爱国的火种

宋庆龄的父亲宋嘉树，原姓韩，名教准，1861年10月17日出生在广东省海南岛文昌县（今海南省文昌市）。韩教准改姓的原因是他被堂舅收养，而堂舅家姓宋。韩教准的叔叔叫韩鹏翼，娶宋氏为妻。韩宋氏的弟弟（韩教准的堂舅），是早年赴美国修筑铁路的海南岛移民之一。

列宁指出："国家愈是落后，它所提供的未经训练的、'干粗活的'农业工人就愈多。先进的民族可以说总是捞取好的工种，把坏的工种留给半开化的国家。"① 中国早期移民在美国的情况正是这样。他们最初在淘金区当厨师、洗衣人，或从事欧美冒险家们所不屑于干的粗重的体力劳动。1863年，参加铺设中央太平洋铁路的白种人因劳动艰苦而纷纷离职，中央太平洋公司决定大量招募中国劳工。当时，占筑路工人五分之四的中国劳工工资比白人少三分之一，还不能享受免费食宿的待遇，却从事最危险、最笨重的劳动。他们置身于柳条筐中，从悬崖吊下，在山壁钻洞，放进炸药，点着引子，炸开了号角峡大峭壁。他们还攀上海拔7000英尺的"多恼峰"，在高及人头的积雪中打出了一条隧道。韩教准的堂舅就是在美国大量募集筑路华工的"自由移民时期"来到美国的。他先在华工当中做点小生意，后来攒了一些钱，在马萨诸塞州的波士顿开设了一家丝茶商店。

1875年，14岁的韩教准随长兄政准到东南亚谋生，在马来西亚一个亲戚家当用人，立了三年契约。1878年

---

① 列宁：《资本主义和工人移民》，载《列宁全集》第24卷，人民出版社2017年版，第97页。

春，韩教准的堂舅回文昌探亲，见到了韩鸿翼，说他在美国立稳了脚跟，生活不错，但由于没有孩子，经商缺少帮手。韩鸿翼动了心，同意将次子韩教准过继给他当儿子。同年夏，韩教准的堂舅返回美国，途经马来西亚，便以养父身份将韩教准带到了波士顿。这一年，到达美国的中国人总数有8992人①，而波士顿的华侨约有4000人。韩教准到美国之后，改名为宋嘉树，号耀如。

根据波士顿市档案馆的资料记载，宋嘉树堂舅所主持的丝茶店是打进美国东部的第一个专营丝茶外贸的中国商业机构，被誉为"北美华商先锋"。店员都是文昌乡亲，店堂布置古色古香，典雅美观。

在丝茶店里当学徒的日子，宋嘉树聪颖机灵、勤快温和，很快掌握了经营商业的知识。堂舅十分满意，希望他以后能继承家业，传宗接代。

但是，随着眼界的开阔，宋嘉树渴望自己的祖国也能像美国一样富强起来。他不再满足于堂舅安排的帮助经营丝茶店的命运，开始追求更远大的目标。

当时居住在波士顿的中国人很少，主要是一些被清政府派去留学的官宦人家的子弟，住在查尔斯河另一岸的坎布里奇。他们经常光顾丝茶店，在店里高谈阔论，这对宋嘉树追求进步起了推波助澜的作用。

有一天，丝茶店里来了两位清国留学生。这两位留学生是表兄弟，一位叫牛尚周，操上海方言；另一位叫

---

① 柯立奇：《中国移民》，载《华工出国史料汇编》（第七辑），陈翰笙主编，中华书局1984年版，第193页。

温秉忠，操广东方言。在异域他乡见到自己的同胞，宋嘉树感到格外亲切。温秉忠的语言勾起了宋嘉树的缕缕乡思。牛尚周12岁考入留学生预备学校的经历更使他感到神往。表兄弟都是作为广东人容闳所组织的中国教育团的成员来到美国的。很快，他们和宋嘉树成了好朋友，并鼓励他走出丝茶店，在美国接受现代文明的教育，到学校去学一门有意义的学问，待学成后，回到故乡报效祖国。求学的欲望像火一般烧灼着宋嘉树的心，而且愈燃愈旺。

宋嘉树终于下定决心，向已经成为他养父的堂舅提出了在美国求学的要求。堂舅无法理解宋嘉树的愿望，他只希望嘉树做一个安分守己的小商人，继承他的家业。一个初冬的深夜，宋嘉树终于溜出了丝茶店，上了一艘名为阿尔贝特·加列汀号的缉私艇。

好心的船长埃里克·加布里埃尔森也许是佩服宋嘉树的胆量，或是喜欢他追求独立、自由的勇气，竟然收留了这位异邦人，让他充当船上的仆役。那时，对这样的偷乘者，船长有权处罚或令其在下一个港口上岸。

1880年5月，因南方海岸走私更为猖獗，加布里埃尔森船长调往北卡罗来纳州威明顿港科尔法克斯号缉私船，宋嘉树也追随到那里，在船上的食堂任杂役。当时，美国的基督教把用教义感化别人当作"白人的义务"，而占世界人口四分之一的中国自然就成了"可能拯救灵魂最多的地方"。当年11月7日上午，宋嘉树在威明顿第五街监理公会教堂正式受洗，把他带到教堂的是加布里埃尔森船长的朋友罗杰·穆尔上校。威明顿

《星报》预告这次施洗仪式，称：

> 今天上午，第五街监理公会教堂将举行洗礼仪式。一位中国皈依者将是这神圣仪式中的一员，迄今为止，他也许是在北卡罗来纳州接受洗礼的第一位"天朝人"。①

仪式结束后，新信徒宋嘉树获赐教名"查理·琼斯·宋"，成为威明顿卫理教会培养的日后回中国传教的牧师。

1881年4月，宋嘉树进入北卡罗来纳州达勒姆的三一学院学习。资助他的是罗杰·穆尔上校的朋友——靠经营达勒姆金牛烟草发迹的慈善家朱利安·卡尔将军。宋嘉树称他"卡尔父亲"。为了感谢朱利安·卡尔的资助之恩，宋嘉树后来给长女蔼龄取教名Nancy（南希），因为卡尔将军的夫人叫南希。

是年夏天，宋嘉树用英文给远在千里之遥的父亲写了一封信，信中说：

> 我于1878年与哥哥分别，离开东印度群岛来到美国，并幸运地找到了我们的救世主基督。……我急于接受教育，以便能回到中国，把达勒姆朋友

---

① ［美］詹姆斯·伯克：《我的父亲在中国》，载《宋耀如生平档案文献汇编》，上海市孙中山宋庆龄文物管理委员会、上海宋庆龄研究会编，中国出版集团东方出版中心2013年版，第195页。

们的友善和上帝的仁慈告诉您。……我记得我小时候,你带我到大庙里去拜那些木头做的神像。哦,父亲,木头神像不会帮助人,纵然您礼拜一辈子也没有一点好处。……我信赖上帝,希望凭上帝的旨意在这个世界上再见到您。①

1882年秋,宋嘉树转入田纳西州范德比尔特大学神学院就读,1885年5月以优等成绩毕业。宋嘉树原想在美国继续深造,学点医学,以便回国后更好地帮助自己的同胞。行医本是基督教争取民心、辅助传教的重要手段,热心的朱利安·卡尔先生也十分愿意资助他继续学医,但范德比尔特大学校长马克蒂耶主教断然拒绝了宋嘉树的请求,并污蔑宋嘉树希望留下来学医是为了贪恋美国"高级文明"的生活。1885年7月8日,马克蒂耶给上海监理公会布道团团长林乐知写了一封信,要求林乐知"派他去做巡回布道工作,即使没有马车也要徒步而去","在他还没有在中国人当中努力工作之前,就把他身上的中国佬习性耗尽",还说"他早已'尝过了安乐椅的滋味',并且不反对享受高级文明的惬意",告诉他"布道团所需的医生已经足够了,多一个也不

---

① 宋耀如:《宋耀如致父亲函》(1881年6月25日),载《宋耀如生平档案文献汇编》,上海市孙中山宋庆龄文物管理委员会、上海宋庆龄研究会编,中国出版集团东方出版中心2013年版,第5页。

*
在范德比尔特大学神学院读书时的宋嘉树留影。

要"。① 马克蒂耶的这封信毫不掩饰对宋嘉树的侮辱和歧视，给宋嘉树回国后的事业埋下了阴影。

1885年底，宋嘉树在血腥的排华浪潮中乘坐火车横穿美国，抵达旧金山，再换乘太平洋邮船公司的轮船回国。1886年1月13日，24岁的宋嘉树抵达上海，回到他离别了十年的祖国。

然而，被林乐知视为"一个失去民族特征的中国佬"的宋嘉树，在本国土地竟也遭受了种族歧视。林乐知仅付他每月15美元的薪水，大大低于同等职级的美国神职人员的收入，还煞有介事地声称是为了不把这个"中国佬"给惯坏了。

正当宋嘉树愤懑之时，他在上海街头与昔日在波士顿结交的朋友牛尚周邂逅了。牛尚周觉得有一个为宋嘉树排忧解愁的好办法，那就是让他早日成家。此时，牛尚周已经结婚，妻子是余姚牧师倪蕴山的长女倪珪金；温秉忠成了他的连襟，也娶了倪蕴山的女儿为妻。倪蕴山的二女儿倪珪贞仍待字闺中。她受过西方教育，数学特别好，又弹得一手好钢琴。年幼时，母亲一度按旧俗给她裹脚，结果她发起了高烧。父母心疼女儿，终止了这种摧残肢体的酷刑，从此倪珪贞便有了那个时代的女孩子中罕见的天足。在以"三寸金莲"为美的年代，被讥为大脚婆的女子很难找到一位合适的中国丈夫。于

---

① 马克蒂耶：《马克蒂耶致电林乐知函》（1885年7月8日），载《宋耀如生平档案文献汇编》，上海市孙中山宋庆龄文物管理委员会、上海宋庆龄研究会编，中国出版集团东方出版中心2013年版，第18—19页。

是，牛尚周自告奋勇，充当了"假洋鬼子"和大脚姑娘之间的媒人。

1887年仲夏，宋嘉树跟倪珪贞在监理公会传教士克拉伦斯·里德的主持下举行了婚礼。这对当时盛行的正统中国婚俗来说，是一大挑战，是一个超时代习惯的新式婚礼。婚礼的气氛跟盛夏的气温一样热烈。倪珪贞娘家的声望和广泛的社会关系，为宋嘉树的进一步发展提供了更多契机。宋嘉树的人生开始了第二次转机。

倪珪贞出身名门，母亲倪徐氏，是明代大科学家、中国历史上著名的天主教徒徐光启的第十七代子孙。徐光启留下的科学遗产（如编撰的《农政全书》、翻译的《几何原本》等），在中国近代科学技术史上占有重要地位。宋庆龄十分重视这一血缘关系，深为她的这位杰出的远祖感到自豪。她曾说，她跟埃德加·斯诺数十年友好，从未发生过争论，但斯诺介绍她的家世时没有提及徐光启，她颇感遗憾，并提出了意见。宋庆龄的外祖父倪蕴山和宋嘉树一样，是一名虔诚的中国籍牧师，还是一名法律学造诣很深的学者。他活跃在社会上层，各界都有他的好友。受西方文化影响，倪蕴山思想开明，他把孩子不分男女都送入教会学校读书，他还不包办子女婚姻。

宋嘉树结婚之后，临时住在岳父母家中。1888年，宋嘉树被提升为正式牧师。1890年2月，他开设了一家书馆，作为自己的兼职。他的书馆，替美国圣经协会和其他宗教团体印行中文版《圣经》及其他宗教读物。这一印刷业务虽然赚头不大，但可从一些西方传教组织和宗教团体得到金钱和技术方面的帮助。为了赢利，宋嘉树又大量翻印西方的历史、科学、技术书刊。不过，为宋嘉树带来巨大财富的还是经营面粉生意。用卡尔将军替他购置的面粉机，宋嘉树开设了一家面粉厂。由于该厂碾制的面粉质优价廉，立即源源进入上海租界的面包房和粮食店，受到消费者的青睐。这样在宋庆龄出生前一年，宋家经济已经开始好转，完全可以不靠教会的施舍和约束过日子了。

1892年，林乐知无理阻挠宋嘉树回海南岛探亲，而每月15美元的收入又不足以养家糊口，宋嘉树便辞去神职转而经商。但宋嘉树仍热心教会事业。他对基督教的最大贡献是在1902年，同上海许多爱国信徒一起发起组织了上海最早的基督教自立会——中国基督徒会。

然而，基督教义中描绘的美好天国，跟他亲身经历的严酷社会现实产生了巨大反差，宋嘉树不得不思考探索通向自由、平等、博爱理想的有效途径。

于是，除了富商及教友领袖的身份之外，宋嘉树还参加了秘密的革命活动。他的书馆成了革命者的秘密联络点。他为主张君主立宪的教育家姻兄温秉忠印刷西方教科书，还为反清团体印刷了很多秘密文件和政治宣传品，而且跟孙中山有了直接交往。

1894年阳春三月，宋嘉树在书馆接待了北上天津给李鸿章上书路经上海的孙中山。据宋庆龄晚年回忆，宋嘉树跟孙中山最初是在美国相识的。宋嘉树在美国听过孙中山的讲演，认识到中国革命与改革的必要性，因而成为朋友，还曾一道旅游。据《宋氏家族》一书介绍，

"孙文和宋查理第一次见面的地点是在摩尔捐建的那所监理会教堂。星期日的礼拜仪式结束之后,经人介绍,他们互相认识了。终其一生,孙文都定期到教堂里募集新人。他最喜欢说的一句话是:'我不属于教堂里的那个基督,而是属于身为革命者的耶稣基督。'"①

由于宋嘉树和孙中山都是广东同乡,都在国外受过教育,又都有宏大抱负,甚至都曾想学医学……这许许多多的共同点,使他们很快就建立了深厚的友谊。旧友重逢,友谊倍增。宋嘉树认为孙中山的天津之行不会有什么成效,但他保证,孙中山此行如不成功,他可以在长江流域组织力量支持孙中山的事业。这次会见时,宋嘉树还介绍给孙中山两位朋友,一位是招商局帮办、《盛世危言》的作者郑观应,另一位是声望颇高的新闻工作者王韬。孙中山到天津后,李鸿章果然没有接见他,他只得将《上李鸿章书》交给林乐知办的《万国公报》发表,第一次将他的改革主张公之于众。

在宋嘉树的参与建议下,孙中山于1895年10月发动了第一次反清武装起义——乙未广州起义。1903年,为了反对俄国侵略中国,他又积极支持在上海的爱国者发动拒俄运动。据1903年5月25日《苏报》记载:当上海教会进行拒俄活动时,"在美华书馆演说者以宋君耀如为最著,大旨谓耶教救国有自由之权,今俄人夺我之地,我欲自保,并非夺人之地也。教友能结团体,如日

---

① [美]斯特林·西格雷夫:《宋氏家族》,中信出版集团股份有限公司2017年版,第80页。

方新，有臻臻直上之势云云"。1905 年，同盟会成立，宋嘉树加入了同盟会，成了革命党人，后赴美国为革命筹款。他特意拜访了"卡尔父亲"，请求他在经济上支持孙中山的事业。此后，他还多次往返日本、美国和中国之间，继续为革命筹措经费。他还被同盟会任命为司库①并兼任孙中山在上海党部的执行秘书。有人称他为孙中山"最大的财务支持者"。

宋嘉树履行了自己的诺言，在物质上和精神上支持、援助孙中山的革命活动，并从此成为孙中山为数不多的密友之一。由于他革命的行动都是秘密进行的，所以在孙中山革命的公开记录上，有关他的革命事迹记载很少。他的革命活动虽然鲜为人知，但他所做的默默无闻的贡献却熔铸在孙中山不朽的事业里。孙中山在 1912 年 4 月 16 日《致李晓生函》中这样写道：

> 宋君嘉树者，廿年前曾与陆烈士皓东及弟初谈革命者，廿年来始终不变，然不求知于世，而上海之革命得如此好结果，此公不无力。然彼从事于教会及实业，而隐则传革命之道，是亦世之隐君子也。

在父亲的影响下，庆龄也是个小爱国者。1900 年，广东惠州起义前夕，孙中山于 8 月 28 日来到上海，住在宋家，和宋嘉树探讨救国之路，畅谈反清革命问题。

---

① 司库：指团体中管理财产的人。

小庆龄被孙中山的革命思想和因"痛感人间不平而终身投入革命"的献身精神吸引着,对孙中山十分敬仰。只有7岁的她,曾经对人说过:"我一想起孙先生所讲的话来,就忘了一切——家庭、学校等等。我一点儿也不为自己担心,我却担心着中国。"① 热爱自己的祖国并为之奋斗的种子就此在宋庆龄的心中生根发芽。

---

① [美]科妮莉亚·斯宾塞(Cornelia Spencer):《三姐妹——中国宋氏家族的故事》(Three Sisters: The story of the Soong Family of China), The John Day Company 1939年版,第22页。

这场考试的成绩使那些男主考官们认识到，女学生在智力方面并不亚于男学生。

——

宋庆龄

第三章

赴美留学的中国女孩

1907年，在教育部门为选拔赴美留学生而举行的考试中，首次出现了女学生的身影。经过考试，最终从全国选定了十一名男生和四名女生，作为官费生派遣出国。庆龄就是其中一员。这是中国"官费女生留学西洋之始"。宋庆龄曾自豪地说："这场考试的成绩使那些男主考官们认识到，女学生在智力方面并不亚于男学生。"

美龄听到这一消息，也要求跟着去。这一年，庆龄14岁，而美龄只有10岁。父母劝美龄晚些时候再走，但美龄却坚持要跟庆龄同行——因为有一次她生病时，父母曾经答应她可以去做她想做的任何事情。

面对即将出国的庆龄和准备同时赴美的美龄，父亲宋嘉树嘱咐道："爸爸让你们去美国，不是让你们去看西洋景，是要将你们造就为不平凡的人。这是一条艰苦的荆棘丛生的路，要准备付出代价，不管多么艰苦，都不要终止你们的追求。"

当时庆龄的小姨父温秉忠代表清政府出洋视察各国使馆。当年8月，经过一番曲折，庆龄、美龄终于跟随温秉忠登上了太平洋邮轮满洲里号，踏上了赴美的漫长旅途。他们一路顺风，船靠旧金山码头时，也没有发生四年前霭龄抵达这里时所遇到的因证件"不合要求"而不准上岸的麻烦。

入境后，姐妹俩先入新泽西州萨密特镇的波特温学校补习法语和拉丁语，因为这两种外语是大学入学考试时必须应考的。这所学校的校长是身材修长，长着一头栗色头发的克拉拉·波特温小姐。她的祖先是白俄，父亲曾在耶鲁大学辅导过中国学生，对远东的情况有所了解。校舍是租赁的，白色的墙壁，褐色的屋顶，显得朴实无华。两个异国小姑娘在这个当时还不怎么繁华的小镇，很引人注目，以至于数十年后她们的一些师友还记得她们。这所学校一名叫埃米莉·唐纳的学生后来回忆起庆龄入学时的情景："……有一天早晨我们来到学校的时候，发现她们已经来了。大的那一位非常庄重、文静，年龄约莫有15岁，看来比我们都大得多。我们当时都是9岁左右。她的中国名字叫庆龄，但是，不知为什么，我们总是称呼她'罗莎蒙德'……我们不常见到她，因为由于年龄和性格上的差异，她自然不会来参加我们那些小孩子的玩耍和戏闹。"

宋庆龄酷爱读书，爱泼斯坦曾经说她是"一个无书不读的人"。她经常到学校对面的萨密特镇图书馆去借书。图书管理员路易丝·莫里斯记得，"严肃点儿的"宋庆龄喜欢看小说、传记和历史等方面的书籍。这些书籍，无论是文艺的还是非文艺的，在深度和广度方面"远远超出她那个年龄的普通姑娘的口味"。

1909年夏，庆龄考入佐治亚州梅肯市威斯里安女子学院（Wesleyan College for Women）文学系，9月5日正式注册读书。

美龄因为年龄小，还不能上大学，暂时留在佐治亚州的山城德莫雷斯特，在那里一所叫皮德蒙特的学校上八年级。蔼龄一位同学的母亲莫斯夫人负责照料美龄的生活。1910年，威斯里安学院新院长修订了非本院学生不得住校的规定，美龄才以"特别生"就读于威斯里安女子学院，来到二姐身边。当时大姐宋蔼龄已经是这所

＊

在威斯里安女子学院学习时的宋氏三姐妹，左起宋庆龄、宋蔼龄、宋美龄。

学院三年级的学生了。三个姐妹能在异国他乡团聚，无比快乐。

梅肯是奥克穆尔吉河畔的一座小城，树木葱茏，色调淡雅。当庆龄到来时，这座城市仅有85年的历史。威斯里安女子学院就坐落在这个年轻城市的小山上，四周一片苍松翠柏。学院原来只有一座文艺复兴时期希腊建筑风格的大楼，正面矗立一排圆柱，好像是一排警戒的哨兵。庆龄入校前不久，主楼改建成了维多利亚式的美丽的楼房，增盖了尖形的塔楼和带阁楼的房顶。为了保证学生们能有舒适、卫生的生活环境，每间寝室都配有大壁橱和梳洗间，每层楼都有设备完善的卫生间。这是一所贵族子弟学校，学生很少。在庆龄留学的时代，学生人数则更少——住校生仅70余名。来这里上学的学生，不是富家千金，就是名门闺秀。一百多年来，学校培养出不少文学、医学和商业方面的人才，而宋氏三姐妹则是这所学校的骄傲和荣誉。

大学时代的宋庆龄好学深思，讨论问题时文雅而雄辩，这给她的老师和同学留下深刻的印象。她的同学们亲昵地称她为"苏西"。她的同学霍莉黛夫人和其他校友回忆，"她当年是一个有学问的、严肃的和有理想的学生"，"她温柔而好思考"，"她非常用功，从不漏掉任何一门功课的作业，总看见她在学习"。校友们还将她跟她的姐妹们作了比较："庆龄娇小美丽，看起来比姐姐和妹妹更庄重。她是三姐妹中最好的学生：沉思，内向，就她这样年纪的孩子来说，她具有非凡的洞察力。"

当然，庆龄当时跟她姐妹们思想上的最大差异，是她更富有爱国主义情怀、民族感情和对下层人民的同情。有一次，美龄曾骄傲地宣布："在我身上唯一属于东方的是我的脸孔。"另一次美龄对历史老师说，她不想听关于1860—1864年间解放黑奴的美国内战的讲述，因为她作为美国的南方人感到厌恶。这意思是说，年轻的美龄不仅把自己看作是完全的美国人（除了她的皮肤），而且是属于美国南方奴役黑人的上层阶级。然而，年轻的庆龄却极端厌恶美国上层人士对东方人的歧视和对黑人的压迫，在她的心目中，这些都是基督徒习俗中的严重缺点。

在美国度过的5年中，父亲经常给她写长信，寄剪报，把国内发生的情况告诉她。她把这些材料编排剪贴起来，从中看到了孙中山领导的革命事业在艰难困苦中不断前进的步伐。当慈禧太后死去的消息传到梅肯时，庆龄暗暗庆祝了好几天。跟她同寝室的同学还记得，孙中山就任临时大总统后，她收到父亲寄来的第一批制作的新国旗——五色旗①，马上跳上椅子挂在墙上，并把原来悬挂的清朝的龙旗扯下来，扔到地上，踩了又踩。她还情不自禁地喊着："打倒龙旗！高举共和国的旗帜！"有一次班上讨论问题，有同学问她为什么总是那么多地考虑国家大事，而不无忧无虑地享乐。她回答说：不能忘记中国，也不能忘记孙中山所说的那些话，"如果忘记了，人生就失去其意义"。

---

① 五色旗为红、黄、蓝、白、黑五色，象征汉、满、蒙、回、藏五族共和。

宋庆龄的英语十分出色。在美国读书期间，老师称赞她："在英文课的班上，她写的文章最好。"由于宋庆龄拥有丰富的知识，深刻的思想和漂亮的文笔，据威斯里安校刊记载，宋庆龄为"1912年—1913年，校刊《威斯里安》（The Wesleyan）文学编辑；舞蹈戏剧社社员；哈里斯文学社（Harris Literary Society）通讯干事"。

在介绍庆龄的大学生活时，不能不特别提到她撰写的那些才华横溢的作品。她的抒情诗《致珍妮·多特里》是一位"美妙"的姑娘"在一个美妙的世纪、一个美妙的年头的一个美妙的日子"写的一首"美妙的诗"。她撰写的童话故事《四个小点》和回忆散文《阿妈》，表现了她仁慈的胸怀和对下层人民的挚爱。跟她的文学作品比较起来，庆龄的政论显得更为精彩。

1911年11月，宋庆龄在院刊发表了《留学生在中国之影响》一文，论述了中国早期留学生在教育、文化、社会改革诸方面对祖国的巨大影响，抒发了自己学成归国之后愿全力以赴克服时弊的崇高愿望和坚定信心。1912年4月，在获悉武昌起义成功之后，她在院刊发表了一篇《二十世纪最伟大的事件》。她写道："在许多著名的教育家和政治家看来，中国革命是二十世纪最伟大的事件之一，甚至是滑铁卢以后的最伟大的事件。这是一个最辉煌的成就。它意味着四万万人已从君主专制政体的奴役下解放了出来，这个专制制度已经存在了四千多年，在它的统治下，生存、自由和对幸福的追求遭到剥夺。它还标志着一个皇朝的覆灭，这个皇朝的残酷压榨和自私自利，使这个一度繁荣昌盛的国家沦为一个贫

*
宋庆龄大学毕业照。威斯里安毕业生年鉴上对这幅照片的说明是：
"从她的双眼和额头流溢出内心的光彩。"

穷不堪的国家。清政府被推翻,意味着具有最野蛮的制度而又道德沦丧的这个皇朝的毁灭和废除。"在引用了拿破仑·波拿巴的名言——"中国一旦动起来,整个世界将为之震动"之后,她接着满怀信心地写道:"实现这个预言的日子似乎已为期不远了。一个占世界人口四分之一、居住在地球上最大王国的民族,她的文明如此光辉灿烂,不能不对人类的进步产生自己的影响。"这篇文章的发表,标志着年仅19岁的庆龄已经成长为一个坚定的民族主义者。文中洋溢的爱国主义激情,在当时的中国留学生和华侨中产生了很大影响。她引用的拿破仑·波拿巴的名言"中国一旦动起来,整个世界将为之震动",被中国留学生和广大华侨传为激励爱国豪情的警句。

1913年4月,庆龄在毕业前夕又发表了一篇论文《现代中国妇女》,指出女孩子的智力并不比男孩子差,因此在提高占人类半数的男子的素质时,不能忽视提高人类的另外一半。同时,她号召妇女要获得与男人一样的平等权利,则必须靠自己在工作和斗争中去争取,而不能等待别人的恩赐。所以包括自己在内的中国女留学生,为了共同的幸福就要比别人承担更多的义务。她预言"中国必将成为世界上最大的教育发达的国家,而其妇女必将与男人并驾齐驱"。这篇论文,表述了庆龄早期的妇女观,也表明她在初现政治才华的时候,就把妇女解放问题跟社会改革问题联系起来加以考察。

1913年春,20岁的宋庆龄以优异的成绩从威斯里安女子学院毕业。

我从来没有这样快活过。
我想，这类事情就是我从小姑娘的时候就想做的。
我真的接近了革命运动的中心。

——

宋庆龄

第四章

接近了革命运动的中心

日本大正二年（1913年）深秋，一群老练的日本便衣警察在横滨、神户、东京等城市频繁地活动着。他们的秘密使命，是密切监视流亡到日本的中国革命党人孙中山、宋嘉树等人的行踪，每天向日本外务省报告。他们发现，这年8月29日上午，宋嘉树离开了他在横滨海滨山上租赁的楼房，到码头迎接一位亭亭玉立、文静腼腆的年轻女郎——他的二女儿宋庆龄。当时宋庆龄已从美国威斯里安女子学院毕业，获取了文学学士的学位，专程从美国赴日本探望她的父母。她带来了仍留在美国攻读的妹妹美龄、弟弟子文对家人的问候，还有孙中山在美国的崇拜者托宋庆龄带来的礼物。

本来，1913年初夏，获得了文学学士学位的宋庆龄准备返回上海跟久别的亲人团聚，却在中途突然收到了父亲的一份电报，要求她推迟行期。

原来，当宋庆龄准备回国时，国内政治形势发生了急剧变化。3月，国民党领袖宋教仁被暗杀；4月，袁世凯又与英、法、德、俄、日五国银行团签订了2500万英镑的"善后"大借款合同，作为镇压国民党的军费。这两件事使孙中山看清了袁世凯反对共和的真面目，力主兴兵讨袁，先发制人。宋嘉树则是孙中山这一主张的全力支持者。6月，正是酝酿武装反袁的关键时刻。

宋庆龄接到父亲的电报后，立即退掉船票，将行李存放在檀香山，借此机会到美国各地去游历。当时中国驻旧金山的总领事恰好是庆龄姨父温秉忠的同窗好友。他替庆龄订了一个有趣的日程，让她到处观光，并出入于舞会和剧场。在中国留学生举办的有150人参加的招待会上,庆龄作为主宾受到款待,由此可见她在留美学生中的威望和影响。在檀香山时,她驱车进山,观赏了很多她从未见过的奇花异木,品尝了名称古怪而味道极佳的水果。在那里,她遇到了不少中国和日本侨民,还有穿着像胸衣似的服装的肥胖的土著人。英国有句格言,叫"生活简单,思想高贵",而宋庆龄用开玩笑的口吻,将她的这一段生活形容为"生活高贵,思想简单"。

7月中旬,江西、江苏等南方诸省的国民党军队兴兵讨袁,发动"二次革命",但由于缺乏明确的纲领,内部又十分涣散,很快在袁军大举进攻下溃败,孙中山、黄兴再度逃亡日本。宋嘉树也追随孙中山赴日,准备重新集结革命力量,再次发动讨袁斗争。因这一局势的变化,庆龄只得改变了返回上海的计划。

8月下旬,庆龄乘船赴日本横滨。她乘坐的远洋海轮有170个头等舱位,还有一支很好的夏威夷乐队,跳舞时都由乐队伴奏。庆龄乘坐的是头等舱。她常走出客舱观看乘客们跳舞。当她看到连传教士也在兴致勃勃地看跳舞时,不禁为他们的童心未泯感到好笑。庆龄的行李中,有她捎给父亲和孙中山的六箱加利福尼亚水果,此外,她还随身携带了一封友人托她捎给孙中山的信件。

孙中山——这位庆龄幼年时代就崇敬的英雄,在政治上再次受挫之后将如何行动呢?这件事,牵动着这位20岁少女的思绪。抬头,是一望无际、宁静不动的蓝天;低头,是一片动荡不安的滚滚波涛。海轮在浩渺无边的洋面颠簸着,庆龄的心潮也随着海浪起伏不已……

早在童年时代，宋庆龄就对孙中山产生了崇拜之情。那时，她的父亲宋嘉树在上海负责保管同盟会的财务账目和会员名册，而且负责秘密印制革命宣传品。孙中山是虹口有恒路宋嘉树寓所的常客。宋庆龄经常听人说，孙中山是民族英雄，和她父亲是最亲密的朋友。

有一次，孙中山在她家谈道："中国一定要改革，要推翻现有的君主政体，建立一个新的政府，让人民拥有最大的权利。但中国的民众很多人还在沉睡，一定要唤醒他们。一个人如果不为一个伟大的事业而生存，那他的生命是毫无意义的。我要为中国革命而生，为这个目的去死。"孙中山走后，庆龄对她的父母说："孙先生这个人是独具慧眼的，我也决定如此。"一个十几岁的小姑娘说出这样老成持重的话，全家人听了都感到吃惊。

有时，孙中山深夜来到她家，跟她爸爸一起翻阅那些还散发着油墨香味的刚刚印好的秘密宣传品。宋庆龄看到后，也走上前去翻看。这时，父母就会赶快制止说："罗莎蒙德，小孩子不许随便动这些东西！"那时候，小庆龄就梦想着长大以后成为这伟大事业中的一分子。如今，宋庆龄终于有机会跟这位中华民国的缔造者一起工作了，正值这位革命先行者特别需要各方面帮助的时候。宋庆龄认识到，实现她童年时代梦寐以求的理想的时刻终于到来了：帮助孙中山，这就是帮助中国革命；帮助孙中山，就是献身于一个历史性的伟大目标。

因"二次革命"失败，孙中山于当年8月4日乘抚顺号客轮从福州到达基隆，5日从基隆改乘信浓号轮船赴日本，8日上午入门司港，正午转往神户。由于宋嘉树是公认的孙中山的亲密友人,继续留在中国风险太大,于是也在8月初携妻子倪珪贞、长女蔼龄和儿子子安、子良从上海乘客轮到日本暂避。到了日本,宋嘉树很快就跟孙中山会合,恢复了旧日的秘密革命活动。

到达东京的第二天,9时50分,宋庆龄在父亲和姐姐的陪同下拜访了孙中山,转交了带来的信件和礼物。这是成年后的宋庆龄和孙中山的第一次见面。当她实实在在地站在自己久仰的英雄面前时,一下子便觉得与孙中山和他所代表的正义事业近了。

从父亲宋嘉树和孙中山的交谈中,宋庆龄很快了解到,袁世凯扼杀了还在摇篮中的共和国,革命没有取得人们所期待的成果,她曾经称颂的"二十世纪最伟大的事件",没有给古老的中国带来真正的生机和活力。如今,不但自己学成归国改革和建设祖国的抱负无法施展,甚至连家都不能回去,只能随同流亡的家人滞留日本。

据日本外务省保存的《有关孙中山动态》文件,从1913年9月至1914年9月,孙中山与宋蔼龄、宋庆龄姐妹经常往来。宋氏姐妹除协助孙中山处理公务外,还曾陪同孙中山拜访友人、参观博览会、游览公园。其中,从9月16日至25日的十天中共有七次之多,每次都待上几个小时。1914年3月27日,孙中山腹痛,庆龄和蔼龄曾到孙中山的寓所进行护理。从1914年5月24日开始,庆龄和蔼龄两姐妹同去的次数日渐减少;从6月开始,宋庆龄单独来访的次数增多;这年9月以后,宋蔼龄的名字就很少出现在日本便衣警察的监视记录里了。

宋蔼龄1910年从美国留学归国。孙中山1912年出

＊

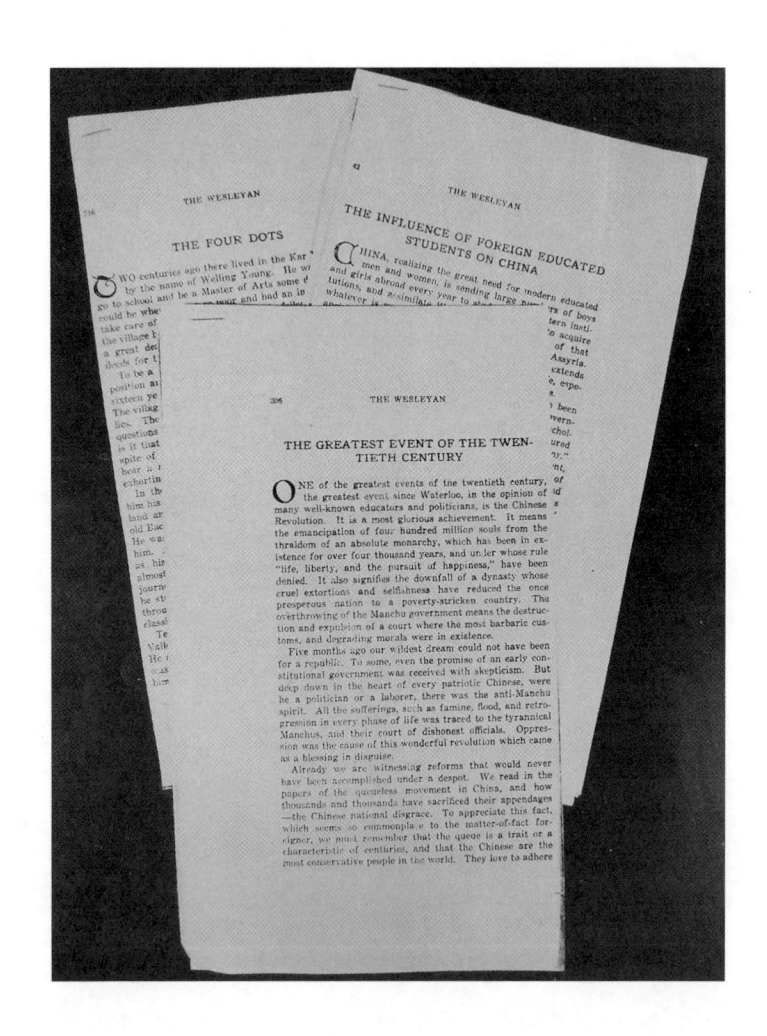

宋庆龄在威斯里安女子学院校刊发表文章，
称辛亥革命为"二十世纪最伟大的事件"。

任全国铁路督办之后，即任命宋嘉树为全国铁路财务处长，同年4月宋蔼龄担任他的秘书。孙中山1913年8月初再度流亡日本，宋蔼龄继续担任他的秘书。但在此期间，宋蔼龄在东京碰到了她在纽约结识的孔子第75代孙——孔祥熙。当时，孔祥熙新近丧妻，心情沮丧，为改换环境东渡日本，在东京的华人基督教青年会担任总干事。孔祥熙的父亲是山西巨商，通过广开当铺聚敛了大量财富。这对以爱财著称的宋蔼龄无疑有很大吸引力。宋蔼龄是最早赴美接受高等教育的中国女子之一，学识不凡，尤谙于人情世故。孔祥熙在美国耶鲁大学攻读经济学时，就听到过宋蔼龄向罗斯福总统直陈美国移民局歧视华人行为的事迹。他也很快就被宋蔼龄迷住了。

1914年6月以后，宋蔼龄忙着准备与孔祥熙结婚，而宋庆龄开始为孙中山承担更多的秘书工作。1914年9月，宋蔼龄身穿绣有梅花图案的粉红色缎子礼服，跟孔祥熙在横滨一所坐落于山丘上的小教堂里按基督教礼仪举行了婚礼。

当时宋嘉树得了肝病，不宜按日本的方式长时间席地而坐进行工作；宋蔼龄婚后又很快身怀六甲，行动不便。10月，经孙中山同意，宋庆龄正式接替姐姐担任了孙中山的英文秘书。她经常帮孙中山起草文件；有时孙中山口述，她笔录；有时孙中山提出观点，她形成文字。她还负责密电码保管和外文复信，并帮助孙中山致函各地的革命党人，指导就地组党和准备发动武装起义，逐步成为孙中山革命事业中离不开的助手。在这些工作中，宋庆龄获得了最大的愉快和满足。

1914年9月20日，宋家成员在日本横滨合影留念，当时宋美龄和宋子文仍在美国留学。前排左起：宋子安、宋庆龄、倪珪贞、宋蔼龄；后排左起：宋子良、宋嘉树、孔祥熙。

孙中山为了推倒袁世凯，重建民国，又投入重新组党集结革命力量的繁忙工作中。由于革命屡遭挫折，宋庆龄亲眼看到，我国民众之声被压制。革命事业似乎无望。孙中山的"某些追随者，在绝望中把革命事业看作失败的事业而放弃了"①。妄图复辟帝制的袁世凯通过其驻日使馆组织暗杀团，阴谋伺机刺杀孙中山。

所有这些并没有减损孙中山的斗志，他依然号召革命党人鼓起勇气，猛力向前，既不可因失败而灰心，亦不能以困难而却步。他在东京创办《民国》杂志，鼓动讨袁；设立政治学校，培养干部；召开中国革命党第一次大会，加强革命领导机关；他还频繁地致函或派遣干部与国内及海外各地革命党联系，指导党务，建立武装及筹措经费、军械等各项事宜，在广东、浙江、江苏、山东、江西等地发动了一些武装起义和暗杀活动。但是由于没有发动广大人民群众，只是由少数人去进行军事冒险，这些小规模的反袁武装斗争都接二连三地失败了。

1914年7月8日，孙中山筹组"中华革命党"以图再举，并被选为总理。但中华革命党一成立，就出现了分裂。原因是孙中山坚持要求全体党员必须宣誓无条件地服从他。孙中山认为只有这样，才能保证这支新的队伍在战斗中保持团结，并在遇到挫折或取得胜利后不至于像以前发生的那样分崩离析。然而，同意孙中山这一主张的只有廖仲恺、何香凝夫妇这样很少一些坚决的

---

① 《宋庆龄书信集》(上)，人民出版社1999年版，第26页。

革命者。另有一些久经考验的同志却反对孙中山的这一主张，因为他们不愿意效忠于个人而不是效忠于事业。许多长期与孙中山并肩战斗的同志的离去，使孙中山在革命征途中处于从未有过的孤立境地。宋庆龄曾这样评述，并强调这是孙中山自己后来总结出的结论："在这时期中，他为了要复活他的政党，进行了改组。但是，由于没有一个反帝反封建的明确纲领，同时也由于不断地重复了主要依靠个人的忠诚而不是建立严格的党的纪律这一错误，因此他的政党缺乏广大的群众基础。"①

在跟孙中山共同工作的日子里，宋庆龄发现，由于岁月的流逝，道路的坎坷，孙中山经常显出憔悴疲惫的神色。在处理完繁忙的公务之后，孙中山就像柱石倾倒的大厦，精神顿时显得颓丧而孤独。不知不觉中，宋庆龄除了关心孙中山的革命活动，也关心起孙中山的个人生活。每当意识到这一点时，她脸上就会禁不住泛起红潮。

当然，宋庆龄在孙中山身上发现更多的还是他作为革命领袖所独具的品质和情操。宋庆龄从孙中山身上发现了男子汉性格中最具有魅力的所在，那就是坚定如一的目的性，不屈不挠的顽强意志和勇敢无畏的奋斗精神。因此，她愿意克服世俗的障碍，跟孙中山一起为了一个共同的伟大历史目标、一个宏伟的远景而生活。

在孙中山身边危险而繁忙的工作，使宋庆龄着迷。

---

① 宋庆龄：《孙中山——中国人民伟大的革命的儿子》，载《宋庆龄选集》，中华书局1967年版，第372页。

她在1914年11月给还在美国读书的妹妹美龄写信时高兴地说：

> 我从来没有这样快活过。我想，这类事情就是我从小姑娘的时候就想做的。我真的接近了革命运动的中心。①

---

① [美]科妮莉亚·斯宾塞（Cornelia Spencer）:《三姐妹——中国宋氏家族的故事》（Three Sisters: The story of the Soong Family of China）, The John Day Company 1939年版，第151页。

当前正是樱花盛开时节，
我们曾抓住时机愉快地乘车长行，
深入花海。

―――

宋庆龄

第五章

冲破世俗枷锁，勇追精神之爱

在孙中山的革命征途十分困苦的危难时刻，宋庆龄在工作中给予了他巨大的支持和鼓舞。在共同的工作中，孙中山很快被富有现代女性风采的宋庆龄吸引。

孙中山日本友人梅屋庄吉的两个女儿曾经回忆过1914年夏天的一个晚间聚会。

冈本梅子回忆说：

在吃完晚饭之后，大家都去了客厅，我弹奏钢琴，母亲拉小提琴，宋庆龄也弹奏了钢琴，并演唱了非常动听的女高音唱段。

在宋庆龄独唱的时候，妹妹千势子在客厅内到处走着。孙先生抱起千势子，并把手放到嘴上，做了个"保持安静"的手势。在整个演唱的这段时间里，孙先生一直目不转睛地注视着宋庆龄。

国方千势子说：

宋庆龄小姐就算以当时我的眼光去看，也是一位非常漂亮的女性，这个印象深深地印在我的记忆中，当时连幼小的我都有这般的感觉，可以想象孙先生在这位美女面前时是怎样的一种表情。

1914年11月，宋庆龄和宋霭龄一起回国。1915年1月31日，宋庆龄与孙中山派来看她的朱卓文相见。宋庆龄向朱卓文表达了"极愿效力党事，且极盼党事之成"①的愿望。这段时间,孙中山寄居在梅屋庄吉家。自从宋庆龄返回上海以后,孙中山就产生了一些微妙的变化。他原本是非常喜欢读书的人,但在那段时间里,虽然翻着书,但却是一副心不在焉的样子,吃饭也没什么食欲了。

梅屋庄吉的夫人德子非常担心,便多次问孙先生是不是觉得身体哪里不舒服,还是饭不对胃口。

孙中山总是回答说:"不,没什么,请你不用介意。"

然而,在随后的日子里,孙中山的食欲还是非常差,整天一副心事重重的样子。

为什么会这样呢?在德子的反复追问下,孙中山终于承认自己的怅然若失全是为了宋庆龄。孙中山说,他忘不了宋庆龄,遇见她,使他有生以来第一次感受到了爱情,体会到了相思的痛苦以及恋爱的喜悦。

1915年3月17日,宋庆龄由上海返回日本。抵达东京时,孙中山亲自去接宋庆龄。接下来的几个月,宋庆龄和孙中山频繁见面,共同度过了一段美好的时光。1915年5月,宋庆龄在给美国好友阿莉②的信中说:

---

① 朱卓文1915年2月2日致孙中山函,载[日]久保田文次编《萱野长知·孙文关系史料集》,高知市民图书馆2011年版。

② 阿莉:本名亚历山德拉·曼·斯利普,昵称阿莉,又译为艾丽。阿莉是宋庆龄在美国求学时认识的朋友。1912年夏,宋庆龄与宋美龄到北卡罗来纳州蒙特里特参加基督教女青年会的会议。在下榻的宾馆,宋庆龄与阿莉相识并结为好友。其间,她们曾在当地的一家照相馆合影。直到晚年,宋庆龄还时常想起她们在一起度过的愉快的夏天。她们曾长期保持通信,后失去联系多年。宋庆龄托人多次寻访,直到1976年,才又联系上阿莉。宋庆龄曾给阿莉去信,希望在中国见到她。

*
1914年11月17日，孙中山与梅屋庄吉夫妇合影。

我们参观展览、商店、兵工厂等。晚上我们则去看电影。我并不太喜欢这些电影，但每次看电影都给我带来一些兴奋的时刻，特别是有关历史事件的片子。

晚上数里长街灯火通明，真是华丽壮观。我好几次晚上去那里，为的是想看看荷花池中的倒影。在月光皎洁、星光灿烂的夜晚，这里像梦幻一般的可爱，促使已逝岁月的美好回忆再度涌入人们的脑海。

当前正是樱花盛开时节，我们曾抓住时机愉快地乘车长行，深入花海。昨天晚上我们沿着堤边走了整整一小时，两旁花枝低垂，使我们望不到天。想象一下嫩绿的杨柳作为背景衬托着这些樱花！大自然也知道如何使颜色协调。

这些诗一般的语言，不能不使人相信宋庆龄已经沉浸在热恋之中了。

关于孙中山和宋庆龄恋爱定情的事，廖仲恺还告诉过他女儿廖梦醒这样一件趣事：在日本的时候，一次，孙中山、宋庆龄和廖仲恺、胡汉民、戴季陶、张静江等人到某风景区去玩，一行人爬上一个小山坡。宋庆龄年轻走得快先到达山顶，孙中山紧跟在后，接着是廖仲恺。廖仲恺平时就动作迅速，走路很快，因此把胡汉民等人远远抛在后面。张静江是坐轿子上山的，更落在后面。快到山顶时，孙中山回转身向廖仲恺摇摇手，示意不要跟上去。廖仲恺会意，就让大家停在半山腰休息。

*
1912年,宋庆龄在美国与她的好友阿莉合影。

过了一会儿，两人满面春风的样子下山。据说，那天孙中山正式向宋庆龄求婚。由于年龄差距，宋庆龄怕父母不同意，没有马上决定，但答应考虑。①

  1915年七八月间，宋庆龄返回上海后，准备根据孙中山的嘱咐就婚姻问题征询父母亲的意见。但她没料到，在她归国之前，她的父母已经将她许配给了一位名门子弟。大姐霭龄极力想撮合这桩包办婚姻，拼命向宋庆龄吹嘘那位阔少如何漂亮，如何有前途。宋庆龄这才恍然大悟：这位阔少原来主要是大姐替她物色的对象。她斩钉截铁地表示，这不是她订的婚，而是家长未经她同意做出的片面决定，她决不会承认的。

  宋庆龄回家一星期之后的一天晚上，趁只有父母在场时，向他们郑重地提出了想跟孙中山结合的请求。父母愕然看着这位外表文静娇弱的女儿，震惊了。母亲气得几乎要跳起来，哭着说庆龄疯了。她不同意庆龄与一个年龄比她大一倍、结过婚、没有财产还有三个孩子的人结婚。

  父亲当时显得稍微冷静一点。他了解庆龄宁折不弯的性格，想用温和一点的办法动摇她的想法。他说这件事需要等待，孙先生是一位革命者，跟随他将要遭遇很多艰难困苦，需要再慎重考虑考虑。

  就这样，宋庆龄被父母软禁了近三个月之久。当宋庆龄跟她的家庭进行着抗争时，孙中山也在日本为他跟

---

① 李湄：《梦醒——母亲廖梦醒百年祭》，中国工人出版社2004年版，第32页。

宋庆龄的正式结合做着多方面的准备。

　　一是物质上的准备。这是最简单不过的。孙中山仅仅添置了一些毯子、坐垫和文具。此外，孙中山还特意托人购买了一块黑底配金黄色花朵图案的衣料，请裁缝为宋庆龄量身定做了一件金黄色镶边的晨衣。

　　二是舆论方面的准备。孙中山准备跟宋庆龄结合的消息传出后，国民党内出现了反对的声音。孙中山坦率地告诉这些反对者："我不是神，我是人。"又说："我是革命者，我不能受社会恶习惯所支配。"跟孙中山十分亲密的胡汉民、朱执信曾当面诤谏。孙中山毫不客气地对他们说："展堂、执信！我是同你们商量国家大事的，不是请你们来介入我的家庭私事。"由于孙中山的说服，反对的舆论减少了；相反，孙中山的一些自由派的追随者为此感到高兴，认为这是一件有利于推进革命的好事。

　　三是法律手续上的准备。孙中山的原配夫人叫卢慕贞，是一位贤淑的传统女性。孙中山出身农家，家乡有早婚的陋习，所以他童年时代就奉父兄之命跟卢氏订了婚，1884年5月26日完婚。其时孙中山虚岁19，而实际年龄只有17岁半。孙中山婚后即入香港西医学院读书，仅每年寒暑假回家；1894年以后又奔走革命，流亡海外，更少有回乡省亲的机会。卢夫人虽然先后生有三个子女，但她并不赞同孙中山的政治理想，只希望在国内安静定居，而不愿意卷入革命，跟孙中山一起过那种动荡飘泊的生活。当卢慕贞知道孙中山不仅决心改造中国，而且决心改革旧的婚姻习俗的时候，便深明大义，同意跟这位"大叛逆者"正式离婚。孙中山为表感念，在以后的岁月中负担她的生活费用。

做好了以上准备后，孙中山便于10月上旬委派同乡朱卓文及其女儿慕菲雅到上海迎接宋庆龄。由于朱卓文是孙中山与卢慕贞离婚时的见证人之一，所以朱氏父女是迎接宋庆龄最理想的人选。

朱卓文原是旅美华侨，跟孙中山在旧金山相识。他枪法很准，手枪弹无虚发，曾专替人充当打手或杀手，是黑社会组织"斧头仔"的成员。在孙中山的帮助下，朱卓文改邪归正，加入了同盟会，担任了孙中山的警卫员。大约从1909年开始，他经常守卫在孙中山身边。他的女儿慕菲雅也成了宋庆龄的朋友。

10月下旬的一个凌晨，宋庆龄趁父母还在熟睡，便匆匆逃出家门。朱氏父女在外面接应她。当晚，他们一行三人就登上了开往神户的轮船。第二天早上，宋庆龄走上甲板，眺望茫无涯际的大海。成群的海鸥展翅追逐着船尾，这时，她顿感生活的天地如此开阔。是的，人活着不是为了抱住锁链，而是为了展开双翼。她愿乘着爱的方舟，跟孙中山一道在险风恶浪中继续前行。10月24日下午1时10分，孙中山怀着激动的心情在东京车站迎接风尘仆仆的宋庆龄。车厢上蒙着远道的尘土，却遮不住宋庆龄脸上洋溢着的幸福。当晚，她和慕菲雅住在青山原宿109号"中山寓"。

这枪配了二十颗子弹，
十九颗给敌人准备，
最后一颗，是危急时留给自己的……

——

孙中山

第六章

有情人终成眷属

> 她，珍妮，是个很甜很甜的姑娘，
> 这个很甜很甜的姑娘就是我的珍妮，
> 她像一朵百合花那样端庄、腼腆，
> 所以，她是我最可爱最可爱的珍妮。
> 谁能把这朵百合花采到手，
> 谁就是幸运的宠儿。

这些诗行是宋庆龄16岁时创作的，献给她在美国威斯里安女子学院读书时的学友珍妮·多特里。这首诗也可视为宋庆龄的自我写照——她的确像百合花一样纯洁迷人，而将它采到手的幸运儿就是中国革命的先行者孙中山。

1915年10月25日上午，22岁的宋庆龄与49岁的孙中山乘车愉快地到东京牛込区袋町五番地（现为东京新宿区袋町五番地）日本著名律师和田瑞的寓所。在这里，由和田瑞主持孙中山与宋庆龄共同签署了一份婚姻誓约书。《誓约书》[①]原件是用日文起草的，以便向日本当局登记。译文如下：

---

① 原件藏中国国家博物馆。

誓 约 书

此次孙文与宋庆琳之间缔结婚约，并订立以下诸誓约：

一、尽速办理符合中国法律的正式婚姻手续。

二、将来永远保持夫妻关系，共同努力增进相互之间之幸福。

三、万一发生违反本誓约之行为，即使受到法律上、社会上的任何制裁，亦不得有何异议，而且为了保持各自之名声，即使任何一方之亲属采取何等措施，亦不得有任何怨言。

上述诸条誓约，均系在见证人和田瑞面前各自的誓言，誓约之履行亦系和田瑞从中之协助督促。

本誓约书制成三份：誓约者各持一份，另一份存于见证人手中。

誓约人　孙文（章）
同　　　宋庆琳
见证人　和田瑞（章）
一九一五年十月二十六日

1962年，中国历史博物馆从私人手中征集到这份《誓约书》的原件，请宋庆龄亲自鉴定。她当时通过秘书作了口头答复，确认这份《誓约书》为真品。1980年3月18日，宋庆龄又亲笔签署："此系真品"。

《誓约书》原件纵11.25厘米，横17.25厘米；朱丝栏，全页24行，墨书日文22行；中缝有上鱼尾；栏外

＊

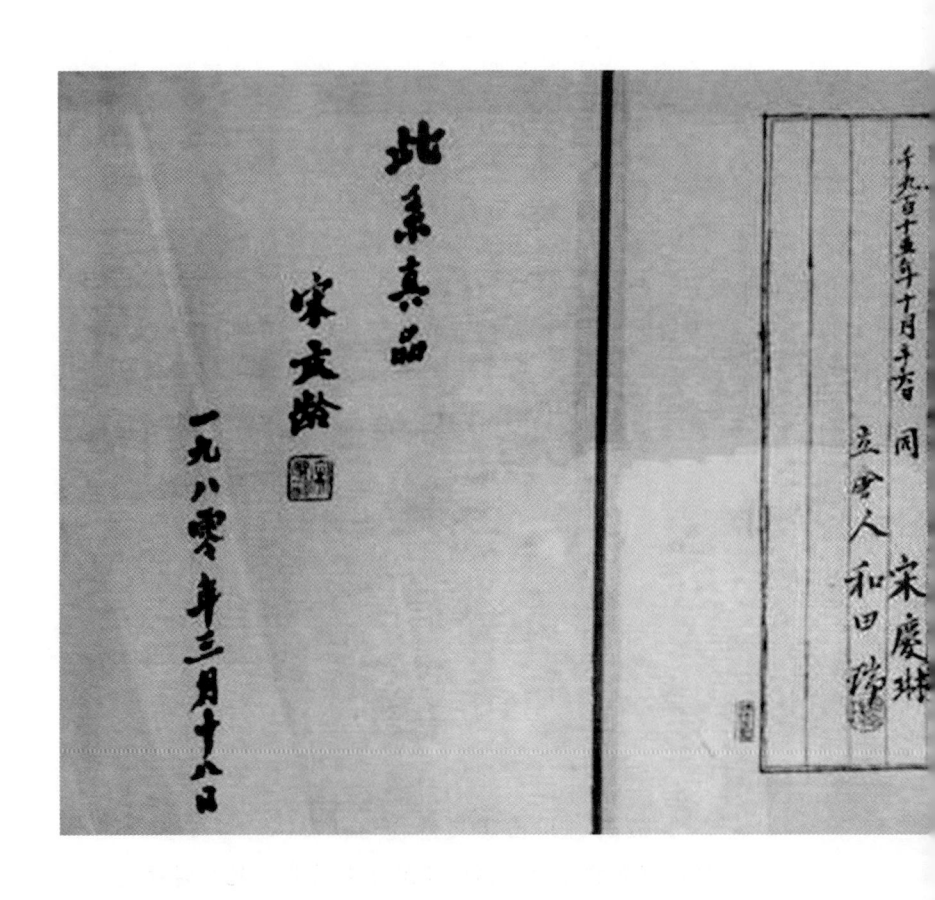

孙中山宋庆龄结婚誓约书的中文版照片；原件为日文。

誓約書

今般辞文ト定慶琳トノ間ニ婚約ヲ結ビタルニ付左ノ諸件ヲ誓約ス

一、成ルベク速ニ支那ノ国法ニ依ル正式ノ婚姻手続ヲ執ルベキ事

二、将来永遠ニ夫婦関係ヲ保続シ各自相互ノ幸福ヲ増進スルニ努ムベキ事

三、万一本誓約書ニ背ク行為アリタル時ハ法律上並ニ社会上、制裁ヲ受クルモ各自何等異存ナキコト従テ各自ノ名誉保持等ノ為メ各自又ハ其ノ親族ヨリ　出ヅルトモ　彼ノ一切苦情ノ中　ニ対シテ為ス措置　付テハ　スベカラザル事

右ノ諸件ハ本誓約ノ成立ニ立会セル和田瑞ノ面前ニ於テ各自誓約シ和田瑞ハ本誓約ノ履行ニ付充分ノ斡旋ヲ為スベキコトヲ確約シタリ。

本書ハ三通ヲ作成シ誓約者各自一通ヲ保有

左下角印有篆体字"东京榛原制",做腰圆戳记状。誓约人与见证人签字后,和田瑞律师将誓约书送到东京市政府办理了法律手续。

日本当时风俗,认为结婚选择双日吉利,所以和田瑞律师建议将 25 日写为"26 日"。为了书写简便,宋庆龄将繁写的"龄"字写成了"琳"字。由于宋庆龄留学美国时未刻图章,所以结婚时无章可盖。只有孙中山在誓约书上盖了章。

办完法律手续,已经是午后,孙中山和宋庆龄来到了位于大久保百人町三百五十番地(今新宿区百人町二丁目二十三番)的梅屋庄吉家用茶点。

梅屋庄吉是一位义肝侠胆的日本商人,1895 年经孙中山的恩师、英国医学博士康德黎介绍,与孙中山结识。梅屋庄吉曾经为广州起义、惠州起义、黄花岗起义、武昌起义提供经费和武器,并为印行同盟会机关报——《民报》提供了经费。因此,孙中山 1913 年再次流亡日本后,经常在他家安身。

为了祝贺孙中山新婚,梅屋庄吉约请了一些友人举行了简单的庆祝仪式。仪式在梅屋庄吉寓所二楼客厅举行。参加仪式的客人有五六十位,其中大多数是支持中国革命的日本政客以及革命志士。

中国的革命党人为了表示反对孙中山和宋庆龄的结合,多数拒绝参加他们的婚礼,仅有廖仲恺、何香凝、廖梦醒、廖承志一家和陈其美在场。廖梦醒和廖承志姐弟是第一次见到宋庆龄。之后,宋庆龄与廖家在革命的道路上一路相伴，宋庆龄对待廖梦醒和廖承志亦亲如子侄。

那天宋庆龄头戴一顶风致秀雅的宽檐女帽，身着一套花卉图样的西式套裙，俏丽动人。廖梦醒在几十年后回忆道："在婚礼上，她给我的印象是非常美丽、非常苗条、非常文静。此后，我常常去看望他们。"廖梦醒那时11岁，已经能够说一口流利的日语，在仪式中充当了翻译。廖梦醒看到宋庆龄戴的珠串，很喜欢，就跟她要。新娘答应"等你长大了"就给。

仪式开始，梅屋夫人向新郎、新娘敬香槟酒。犬养毅唱了《祝福歌》。由头山满做中介人，孙中山与梅屋庄吉、宋庆龄与梅屋夫人分别结成义兄弟和义姐妹。

宋庆龄后来回忆说："我的丈夫就是在这个茶会上宣布我们结婚的。"孙中山还送给新娘宋庆龄一支毛

*

孙中山送给宋庆龄的结婚礼物，一把德国毛瑟手枪。

瑟手枪作为结婚礼物。孙中山说:"这枪配了二十颗子弹,十九颗给敌人准备,最后一颗,是危急时留给自己的……"作为最重要的纪念品,宋庆龄终其一生都精心地收藏着这支手枪。

晚7时仪式结束,孙中山和宋庆龄回到他们在东京青山原宿109号寓所度过了新婚第一夜。

宋庆龄在离开上海去东京时给父母留了一封信。信中,她告诉父母:自己决心已定,要帮助孙中山并同他结婚。她还告诉父母,孙中山已经和他的妻子离婚。

宋庆龄的出走震动了上海上流社会。正如她自己所说:"因为像我这种家庭的女孩子是从来不解除婚约的,并且私奔到日本,和孙博士结合。"①

宋庆龄出走后,得知这一消息的传教士们去找宋嘉树夫妇,强烈反对宋庆龄和一个离过婚的男人结婚,劝说他们把女儿从日本追回来。宋嘉树夫妇都是虔诚的基督教教徒,无法抵抗来自教会的压力。加之他们本来就反对宋庆龄和孙中山结婚,所以当发现女儿逃跑后,宋嘉树夫妇于10月26日怒气冲冲地乘太平洋邮船公司的客轮赶赴日本,希望能阻止这桩婚姻。可是,孙中山与宋庆龄的婚礼已经举行完毕。

这桩婚事使宋嘉树夫妇深受伤害。作为母亲,倪珪贞觉得自己女儿嫁一个年龄两倍于她,同时又是结过婚的男人,简直是疯了,坚决反对。作为父亲,宋嘉树出

---

① 李寿葆、施如璋主编:《斯特朗在中国》,生活·读书·新知三联书店1985年版,第15页。

*
1916年4月，宋庆龄与孙中山在东京合影。

于对孙中山及其事业的高度尊敬,对于这桩婚事十分犹豫和矛盾。他一方面认为在自己认识的中国人中,没有人比孙中山更高尚、更亲切、更有爱国心了,另一方面又觉得女儿嫁给了自己的朋友有伤荣誉和面子。

不过,宋嘉树夫妇毕竟是有见识明事理的人。况且,宋庆龄终究是他们最钟爱的女儿。孙中山也毕竟是与宋嘉树有着共同革命理想的领袖。尘埃落定,宋嘉树夫妇从盛怒中逐渐平静下来,只好承认事实,向亲友们宣布,庆龄已经"正式同孙博士结合了"。作为承认宋庆龄和孙中山二人婚事的象征,宋嘉树夫妇补送给庆龄一份丰厚的嫁妆。其中有一套欧式藤木家具、一条绣着百子图的被面和一套宋庆龄母亲结婚时穿过的锦缎裙袍。宋庆龄将这份嫁妆视为珍贵的纪念物,一直珍藏在身边。

正如埃米莉·哈恩所说:"宋氏一家尽管对此非常恼火,但他们并未张扬出去。姊妹之间曾经一度互不理睬,宋夫人也未停止横加指责,然而局外人士对此却一无所知。宋查理并没有因为女儿的行动而动摇了自己的信仰,他仍然一如既往地为孙中山、为祖国的未来尽心尽力。"[①] 罗比·尤恩森也说:"宋耀如当了自己的老朋友和同辈人的岳父,感到难为情,但他还是孙中山的朋友,继续在政治上同他共事。"[②]

其实,孙中山也很希望一直战斗在自己身边的革命

[①] [美]埃米莉·哈恩:《宋氏家族》,新华出版社1985年版,第109页。
[②] [美]罗比·尤恩森:《宋氏三姐妹》,世界知识出版社1984年版,第42页。

＊

1916年4月，宋庆龄、孙中山与梅屋德子合影。

密友宋嘉树能够理解自己与宋庆龄的感情。1915年7月的时候，孙中山曾经致信宋嘉树，非常委婉地暗示宋庆龄可能与一位"大叛逆者"结婚。只是毫不知情的宋嘉树认为孙中山说的是"一件十分新奇难以置信的事情"，"这是一个天大的玩笑"。

与宋家对宋庆龄的婚姻持反对意见的事实相反，国内许多拥护孙中山、反抗封建礼教的年轻人为自己的领袖娶了一位非凡的姑娘热烈欢呼。他们认为这是一件有利于推进革命的好事，是对旧礼教习俗的挑战和追求个性解放的象征。王安娜后来在她的《中国——我的第二故乡》中评论说：孙中山与宋庆龄的结合，使年轻一代"深为感动"，"庆龄成了新的自由和理想的化身，成了中国妇女解放的先驱"。

婚姻备受争议的经历对宋庆龄产生两个影响：一是报纸上有关她的不实报道和一些恶意的谣言，被添油加醋地到处传播，让宋庆龄深刻体会到人身攻击被用于政治目的的险恶。对于这些谣言，她总要用真相去戳破，并常带着些辛辣的讽刺。她在给一位美国朋友的信中这样写道："我听到一些编造出来的关于我在梅肯的报道，真让我都蒙了。譬如我听说，有人说我在结婚前曾经做过革命党的密探。"二是她对当时在中国的外国传教士的狭隘心理感到厌恶。她回忆道，那些"传教士往往保守，不求进步。在那些年里在中国的传教士们强烈地反对我同一个离过婚的男人结婚。他们去找我的父母……并试图劝说他们去把我从日本追回来。……我们的政敌却同那些传教士们站在一起，责备我们在孙中山还有妻室的时候就结了婚"①。从此，孙中山和宋庆龄，一个皈依的基督徒和一个生下来就受洗的基督徒，都不再具有、也不想有任何一个教会会员的身份。他们虽然都还有基督教所施予的在伦理道德方面的影响，还有许多对革命持同情态度的基督教朋友，但他们都跟神学分手了。宋庆龄说，孙中山步入壮年以后，"从来不信什么上帝，他也不相信传教士……他说这些话是听到我讲，在美国上学时，一到星期天学生们就被赶到教堂去做礼拜，我总是躲进衣橱里，等女舍监带着姑娘们走了之后才出来给家里写信。他听后开心地大笑着说：'所以我们两个都该进地狱啦！'"②。

孙中山与宋庆龄婚恋过程所经历的波折，是对他们爱情的考验，也是对他们情感的净化。宋庆龄从此抛弃了舒适、优裕、安定的生活，走上了献身革命的道路。

---

① 宋庆龄：《致爱泼斯坦》，载《宋庆龄书信集》（下），人民出版社1999年版，第902—903页。
② 宋庆龄：《致爱泼斯坦》，载《宋庆龄书信集》（下），人民出版社1999年版，第653页。

我想为拯救中国出力，
而孙博士是一位能够拯救中国的人，
　所以，我想帮助他。

——

宋庆龄

第七章

当学徒的时代

尽管宋庆龄和孙中山在婚前承受了许多压力和抱怨，但他们婚后的生活却是幸福的。爱情像一道绚丽的生命之光，驱散了孙中山、宋庆龄昔日心灵上的阴霾。宋庆龄在写给威斯里安女子学院一位校友安德逊的书信中说：

> 这次婚礼是最简单不过的，因为我们两个人都讨厌那些繁文缛节。我很愉快，尽量帮助我丈夫处理英文来信。我的法文大有长进，现在已能阅读法文报纸，并能轻易地边看边翻译出来。你瞧，结婚对我来说，好比是迈进了一所学校，只是再没有"考试"来麻烦我了。

1918年10月17日，孙中山在给恩师康德黎的信中谈到自己的婚姻时，幸福地表示：

> 我的妻子在一所美国大学受过教育，是我最早的一位同事和朋友的女儿。我现在过着前所未有的新的生活：一种真正的家庭生活，一位伴侣兼助手。……我所爱的女子是一位现代的女性……

作为孙中山的秘书及夫人，宋庆龄除了继续负责孙中山的英文函电往来外，在孙中山的指导下，还学习进行秘密政治活动所需的技巧和保密措施，像如何把密信写成密码，如何把密码译成明文，如何使用隐形墨水书写等。她还懂得了准时和确切的重要性，以及把所有多余文件随时销毁的必要。孙中山还教她对钻进革命队伍的间谍、个人野心家和追求刺激的人时刻保持警惕。宋庆龄也养成了把各种不同的联系对象和工作领域相互严格分开的习惯。

唯一让宋庆龄感到不适的是，她喜欢安静的工作，不喜欢繁文缛节、热闹场面和抛头露面。但做了孙中山的夫人后，她不得不经常在公众场合或报纸上出现，每天要见好多人。起初，她必须经常克服自己在公开场合紧张、害羞的心理，后来就渐渐适应了。

他们在日本新安置的家里接待朋友。他们多数是孙中山在以往的共同斗争中结识的。有中国革命者廖仲恺夫妇和朱执信，他们都始终不渝地同孙中山一起前进；有另外一些人，后来从进步走向反动，如胡汉民、蒋介石、汪精卫、戴季陶等；有一些人如李大钊、陈独秀、董必武、吴玉章和林伯渠等，他们原来是孙中山的党员，后来成了中国共产主义组织的创始人和老战士；还有一些变色龙似的人物，像陈公博、周佛海等，他们从国民党到共产党，又回到国民党，最后叛国投敌，充当汉奸，身败名裂。在日本朋友中，有英勇的宫崎滔天、梅屋夫妇，也有些人后来走上了拥护武装侵略的民族沙文主义道路。他们还常常会晤来自印度、朝鲜、越南、菲律宾、缅甸和印度尼西亚等国家的流亡者。他们和这些人在一起讨论世界形势和各自国家正在进行的争取独立自由的斗争。

宋庆龄在 1981 年逝世前一个多月写下《我家和孙中山先生的关系》一文，还回忆了她新婚后的生活情景。她说：

> 我的丈夫有许多书，他的起居室里挂满了彩色地图。……他晚上爱做的一件事是把各种大地图铺在地上，然后弯下腰蹲在地上用彩笔勾画河道、运河、港口、江河和铁路等等。我的工作是为他读科学著作，如马克思、恩格斯和其他政治书和社会学的书。……我从不读小说或者故事一类的书，但有时朗读一些轻松的文章，如当时英语和日语报刊上的短文以及詹姆士·康德黎爵士和他夫人从伦敦寄来的读物。……那些夜晚，可以说是我当孙先生学徒的时代。

宋庆龄的原生家庭，是当时中国为数很少的富有且拥有西方教养的家庭。她以前所了解的多是城市富裕人家、校园的生活和从书本上读到的东西。她对中国人民，尤其是对广大农民痛苦生活的理解很抽象，而"孙中山是一个贫苦农民的儿子"[①]。"孙中山很穷，到十五岁才有鞋子穿。他住在多山的地区，在那里，小孩子赤足行路是件很苦的事。在他和他的兄弟没有成人以前，他的家住在一间茅屋里，几几乎仅仅不致挨饿。他幼年吃

---

① 宋庆龄：《孙中山——中国人民伟大的革命的儿子》，载《宋庆龄选集》，中华书局 1967 年版，第 369 页。

的是最贱的食物,他没有米饭吃,因为米饭太贵了。他的主要食物是白薯。"① "他对旧中国农村中悲惨生活的亲身体验,决定了他的生活方向。人民的种种痛苦给他留下了如此深刻的印象,以至于使他决心用自己的精力去帮助人民。就这样,在他心里播下了革命的种子。"② "就在这早年还是贫农家里的贫儿的时候,他变成为一个革命的人。他下了决心,认为中国农民的生活不该长此这样困苦下去。中国的儿童应该有鞋穿,有米饭吃。"③

在孙中山的影响下,宋庆龄很快成了一个热情的"小革命者"。从理性到感性,宋庆龄真切地认识了自己的祖国,对"压迫导致革命"的认识变得具体和深化,为她逐步正确理解旧中国的基本国情,为她在孙中山逝世后正确判断中国革命的性质以及领导力量等一系列决定革命成败的关键问题奠定了基础。宋庆龄终生都把孙中山看成自己的导师,是在当孙中山的"弟子"。

孙中山和宋庆龄都是接受过西方教育的现代爱国者。他们决心献身于中国革命和现代化的双重任务,使他们结合在一起。他们希望自己的祖国尽快繁荣富强,独立自主;他们希望自己的国家和人民在一个较短的历史时期内,在经济、教育和社会各方面赶上最发达的国

---

① 宋庆龄:《为抗议违反孙中山的革命原则和政策的声明》(1927年7月14日),载《宋庆龄选集》(上卷),人民出版社1992年版,第45页。
② 宋庆龄:《孙中山——中国人民伟大的革命的儿子》,载《宋庆龄选集》,中华书局1967年版,第369页。
③ 宋庆龄:《为抗议违反孙中山的革命原则和政策的声明》(1927年7月14日),载《宋庆龄选集》(上卷),人民出版社1992年版,第45页。

*

1916年4月9日，孙中山、宋庆龄和革命党人在东京庆祝袁世凯复辟帝制的失败。前排右三何香凝、右七廖梦醒；后排右六廖仲恺。孙中山前是廖承志。

家，进而超过它们。他们也知道，要实现现代化的前提是在中国进行革命斗争，以恢复和完成中国已经被严重破坏的独立自主，消除封建主义。孙中山一个年将五旬的老将，经历过许多战斗的锻炼，带着"不息的热诚"，百折不挠；宋庆龄一个羽毛未丰的新兵，却渴望着投入战斗，和孙中山并肩作战，前仆后继，为中国的革命和现代化进行不懈的斗争。

后来，当有人问宋庆龄为什么要嫁给孙中山时，她总是提到自己为中国的改造和复兴而献身的决心，因而愿意把自己的一切奉献给有这种精神的人。她认识到孙中山是中国的一位政治改革家,中华民国的创始人,"只有他才能在这艰难的年代拯救中国,使之免遭灭亡"。在与孙中山共同的工作中,她真切地感受到孙中山是一位从来都无所畏惧的人,各方面学识都很渊博,为谋求中国的独立耗费了全部青春,因此她终于勇敢地克服了惧怕与疑虑跟孙中山结婚了。她曾经对斯诺说:"我当时并不是爱上他,……而是出于对英雄的景仰。我偷跑出去协助他工作,是出于少女罗曼蒂克的念头——但这是个好念头。我想为拯救中国出力,而孙博士是一位能够拯救中国的人,所以,我想帮助他。"①"从我认识孙中山博士的第一天起,到他去世为止,我一直忠实于他。……我现在依然忠实于他。"②

宋庆龄把自己的生命同孙中山的生命联结在一起,是把爱情的理想同革命的理想结合了起来,是一种高于通常意义的爱情。2003年,在北京宋庆龄故居举办的"孙中山、宋庆龄文物精品展"上,一封宋庆龄写给孙中山二女儿孙婉的亲笔信首次与公众见面即引起广泛关注。这封信共有两页。第一页为英文信件,字迹清晰,书写流畅有力。译文如下:

亲爱的格雷斯③:
　　承你告知将有香港之行。如果你能给我买一个

---

① [美]埃德加·斯诺:《斯诺文集》,新华出版社1984年版,第104页。
② [美]埃德加·斯诺:《斯诺文集》,新华出版社1984年版,第101页。
③ 格雷斯是孙婉的英文名字。

兰克劳馥德公司的 chafing 盘子（铝制品）、给你父亲买一副小山羊皮手套，我将十分感谢。我不确切知道你父亲的手套尺码，大概是 7 号。这里是个图样。

多谢你。

R.C.Sun[①]

第二页是一张用铅笔绘成的图样，画的是孙中山的右手轮廓。虽然已经时隔八十多年，但透过已经变成深黄色的信纸，我们还是可以联想到孙中山将自己的手轻轻地放在这张纸上，让宋庆龄仔细为他勾画手样的细节。

宋庆龄在以后漫长的孀居岁月中，时时怀念着跟她十年携手的孙中山。她细心地保存着孙中山所有个人遗物和纪念品。细心的人们会发现，宋庆龄无论出差，还是出国，总是随身携带着一只圆形的银质小镜架。这是一个小碗口大小的银质镜框，厚实的玻璃下，镶嵌着孙中山一张两寸小照。照片虽已发黄，但宋庆龄仍十分珍爱。每到一个地方，她都要把镜框擦拭得干干净净，端端正正地放在床头柜或一眼即能望见的柜橱上，无声地表达对孙中山的思念。每逢孙中山的诞辰和忌日，宋庆龄都要在孙中山遗像前的花瓶里插上洁白的花朵，拉上窗帘，穿上黑衣，坐在孙中山坐过的靠背椅上沉思默哀。她说："让我一个人静静默念孙先生，这样最好。"

[①] R 是宋庆龄英文名字 Rosamonde 的缩写，C 是 Ching-ling 的缩写。Sun 即孙，宋庆龄的夫姓。

*

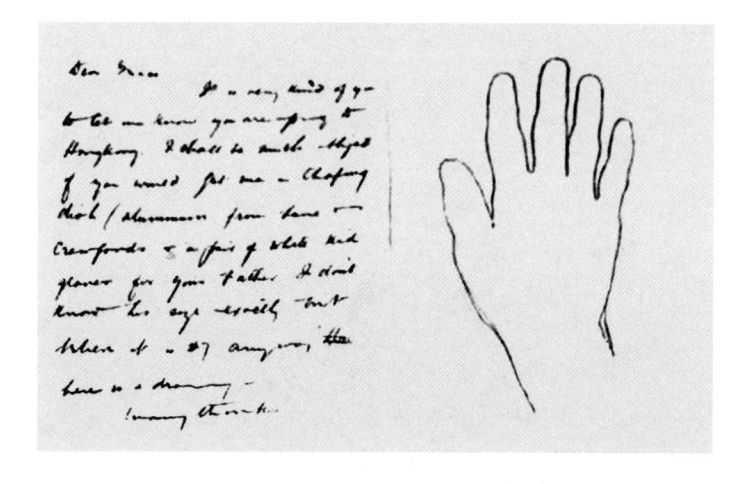

宋庆龄给孙中山二女儿孙婉的亲笔信，右页为宋庆龄绘制的孙中山右手轮廓。

在孙中山去世的半个多世纪中，宋庆龄就是这样在精神上跟孙中山生活在一起的。

我的所见所闻使我内心十分忧伤,
但真理必将永存,
我们一定能够看到中国再次恢复和平
和繁荣并为人类造福。

———

宋庆龄

第八章

回国反袁,两次"护法"

1916年4月27日，孙中山由日本启程回国，继续进行反袁斗争，于5月1日抵达上海。同行者还有廖仲恺、戴季陶等。宋庆龄于5月19日搭法国邮船公司的班轮随后回到鹰犬密布的上海。这次旅行她不能再像结婚前那样公开，因为她现在已是孙中山的夫人，成为引人注意的目标。孙中山不顾危险，亲自到码头迎接宋庆龄。宋庆龄在上海法租界洋泾浜（今延安西路）55号下榻后，即开始协助孙中山处理大量文书工作。

继孙中山1914年5月发表《讨袁檄文》，呼吁"爱国之豪俊"讨伐"背弃前盟，暴行帝制"[1]的袁世凯之后，又于1916年5月9日发表了《讨袁宣言》，再次揭露袁世凯"推翻民国，以一姓之尊而奴视五族"[2]，号召全国人民粉碎帝制复辟，重建民国。

当时，袁世凯虽然已气息奄奄，但仍想以总统名义苟延其统治。在宋庆龄到达上海的前一天，陈其美被袁世凯派遣的刺客枪杀了。辛亥革命时，是陈其美率义军占领了上海，然后又攻占了南京，使孙中山得以在南京就任新的共和国的临时大总统。他的遇刺在全国引起极大震动。从海外回国反袁护法的革命者不得不采取更严密的掩护措施，比如使用暗语、化名等，以保护自己。

险恶的形势从宋庆龄给梅屋庄吉夫人的信中可见一斑。5月20日，宋庆龄写了一封英文信给东京的梅屋夫人，说她已于19日安全抵达上海，并用"大忙人"指

---

[1] 尚明轩主编：《孙中山全集》第三卷，人民出版社2015年版，第52—53页。
[2] 《孙中山选集》，人民出版社1956年版，第114页。

代孙中山。在信尾，宋庆龄亲笔签名"R. Nakayama"。R 是她的英文名字"罗莎蒙德"的第一个大写字母；Nakayama 是"中山"的日文发音。英文署名是为了瞒过中国的检查人员，但收信的人一看就可以知道是谁的来信。她在给另一位友人的信中说："我们很快将离开上海，但请仍把给我的信寄到上海，由山田纯三郎转交。信上不要写什么重要的事情，也不要提我丈夫的名字，因为陈先生就是在山田的寓所被袁的特务暗杀的。"山田纯三郎是日本三井物产公司上海分店的职员、南满铁道社社员，并任中华革命党上海机关报《民国日报》社长，是孙中山革命活动的支持者。

宋庆龄非常明白自己所处的危险境地，所以白天不得不隐蔽起来，等到晚上则穿上西式服装溜出去办事，但她充满了为祖国献身的精神。她在给另一位友人的信中写道："我到达之前，他（指孙中山）的住处同陈先生的寓所相近。他一向是无所畏惧的，即使有许多特务跟踪他时也是如此；所以除非我同他在一起，我总是不放心。但有许多事情他必须亲自照看，因为他是在这个可怕的时刻唯一能挽救我们的中国免于毁灭的人。因此我也必须为国家的利益和解放事业担当风险。"5月27日，庆龄在给梅屋夫人的第二封密信中表达了同样的信心。她写道："陈其美的遇刺是骇人听闻的，但他只是在袁世凯手中被害的许多无辜的爱国者之一。……我的所见所闻使我内心十分忧伤，但真理必将永存，我们一定能够看到中国再次恢复和平和繁荣并为人类造福。"

1916年6月6日，袁世凯毙命。黎元洪继任大总统职。袁世凯临死前的恐怖统治总算终结了，政治上的紧张气氛稍有缓和。孙中山误认为，"袁氏一死，大局立变"，立即下令各省讨袁军休兵罢战。

但袁世凯去世后的形势，并不像孙中山估计的那么乐观。另一个北洋军阀亲日派段祺瑞继承了袁世凯的卖国衣钵。他在美、日两国的怂恿下，于1917年对德宣战，并以"参战"名义大量向日本借款，以强化其军阀统治。宋庆龄对这些一心想把中国推向战争深渊的野心家进行了严词谴责。她在同年4月2日致日本友人梅屋庄吉夫人信中说："至于我国的政治境况，你会意识到，有很多自私的野心家正竭力要把中国拉进欧洲大战。这样做，对我们来说即使无所失，也将一无所得。令人遗憾的是，为了微小的一点钱，不少人竟甘愿牺牲他们国家的命运。我的丈夫为中国的独立，几乎贡献了他的全部青春，他敏锐地感到有些官吏的卑劣行径，他们视金钱和个人的地位胜过于真理、忠诚和自尊。"

1917年7月1日，驻扎在徐州的军阀张勋利用当时担任大总统的黎元洪和担任内阁总理的段祺瑞之间的矛盾，把仍然居住在故宫中的清朝最后一个小皇帝溥仪捧出来，演出了一出为期12天的复辟丑剧。张勋复辟被推翻以后，段祺瑞企图以武力统一南方，使南方实力派军阀陆荣廷、唐继尧受到威胁。于是，控制了两广的陆荣廷与控制了云贵的唐继尧联合起来，谴责北洋军阀解散民元国会，破坏带有革命性、民主性的《中华民国临时约法》，否认段祺瑞政府的合法性。由于南方军阀要借用孙中山的威望，海军总司令程璧光这时也向北京政府宣告独立，表示追随孙中山，因此孙中山亲率"肇和""永丰"（后更名为中山舰）两艘军舰南下，于7月17日抵达广州，号召护法，建立了第一个护法政府。宋庆龄因为等待由美归国的宋美龄和宋子文，稍后才到广州。

据当时的报道，追随孙中山的有朱执信、陈炯明、章太炎、唐绍仪、伍廷芳等。由于当时到达广州的国会议员不足法定人数，孙中山于8月5日召开了一次非常会议，通过了军政府组织大纲十三条。9月1日，中华民国军政府在广州正式成立，孙中山当选为大元帅，行使中华民国行政权。10日，孙中山就任大元帅职，宣布军政府的职责是"攘除奸凶，恢复约法"。广东、广西、贵州、四川等省和湖南、江西、福建的南部纷纷响应。广东新政府与北洋军阀政权形成了南北对峙局面。孙中山指出，南北政权之争"非帝制与民权之争，非新旧潮流之争，非南北意见之争，实真共和与假共和之争"。

孙中山就职的大元帅府在广东士敏土厂[①]，门楼坐北朝南。宋庆龄每天埋头于写字台，写作、写信、打字，经常工作到深夜一两点钟。孙中山吃完饭常坐在藤椅上休息，宋庆龄坐在旁边读英文报纸给他听。由于局势复杂而混乱，孙中山有时心情不佳，宋庆龄总是体贴迁就他。区垲烘还说："宋庆龄对勤务员很和气，从不苛求。她平时早餐也很简单，有时只吃点腐乳、白粥。她和孙

---

① 广东士敏土厂：清末由岑春煊创办，现为孙中山大元帅府纪念馆。

＊
1917年7月，宋庆龄追随孙中山南下护法，于广州大元帅府合影。

中山先生的俭朴生活，我们做勤务员的都很感动。"

孙中山领导的广州政府，实际上是有政府而无军队。广东的陆军，主要是桂系军阀陆荣廷的桂军和滇系军阀唐继尧的滇军。这些军阀多是一些具有强烈地方性的封建军事集团，心目中并无所谓"约法"与"国会"，根本不听从孙中山调遣。国会中的议员，人品混杂，大部分是中间派，真正忠于孙中山的并不多。1917年12月，陆荣廷宣布正式取消护法，通电南北议和。1918年1月，桂系莫荣新擅捕大元帅府卫队官兵数十人，诬为土匪枪决，变相对孙中山施加压力。5月，莫荣新又囚捕陆军总长张开儒，非常国会通过改组军政府案。至此，孙中山不得不于5月4日被迫辞去大元帅职。孙中山领导的1917年至1918年的护法运动是一场关系到国家民主与专制命运的斗争。这场斗争的失败，使孙中山认识到中国的大患莫大于军阀争雄，而南北军阀都是一丘之貉。

1918年5月3日，宋庆龄的父亲宋嘉树因癌症在上海病逝。临终前，宋庆龄跟她的兄弟姐妹全都随侍在侧。为了表彰宋嘉树对教会的贡献，他的纪念堂于1942年11月1日在北卡罗来纳威明顿第五街监理公会内建成。

1918年5月21日，孙中山离开广州，自潮州东渡日本，作短时间逗留，于6月26日抵达上海与宋庆龄重聚。最初，他跟宋庆龄每月花65元房钱，租赁了法租界环龙路63号（今南昌路59号）的一幢房子，与廖仲恺、朱执信等同住。从此时起，孙中山跟列宁之间开始了函电来往，起草函电的工作多由宋庆龄及廖仲恺、朱执信等帮忙。

1918年8月，孙中山和庆龄迁住上海法租界莫利哀路29号（今香山路7号），后来这里一直成为他们的寓所。当时旅居加拿大的华侨看到孙中山终日为革命操劳，但在偌大的上海竟没有一个属于自己的住处，于是募集资金买下了这所房子，配置了室内的家居陈设，安排了庭院的花木，还在花园里布置了网球场，作为孙中山在加拿大追随者的礼物送给他。这是孙中山、宋庆龄夫妇一生中唯一的自有住宅。那时革命工作急需经费，孙中山毫不犹豫立将房契抵押给银行，后来无力偿还贷款，国民党海外支部发动侨胞募资才把它赎回。

莫利哀路孙中山故居是一幢淡灰色的两层楼房，安适而华贵。书房四周、楼梯角下和过道旁边都放满了书橱和书箱，说明主人好学不倦，知识广博。卧室有一个可以收缩的工作台，宋庆龄曾将打字机放在台面上，替孙中山打出了一封封信函、一沓沓书稿。卧室外面是一个奇巧的阳台。墙上挂着孙中山和宋庆龄的结婚照片。这张照片，给孙中山以鼓舞和力量，使他在革命受挫的痛苦处境中，回忆起昔日那甜蜜温馨的岁月。

他们的家还是工作和会晤的繁忙场所。三十多年之后，宋庆龄在《〈上海中山故居〉纪念册序言》中回忆了当年的情景："从这个故居的会客室可以想见孙逸仙时代的政治。客人们川流不息地来到这里，他们当中有普通老百姓，有外国大使和政治家，也有少数流氓恶棍；他们到这里来讨论问题、制定计划，或者进行威胁，各以自己的观点来看中国的前途。也正是在这间会客室里，孙逸仙第一次会见了中国共产党的代表，从而使他对中国革命问题采取了新的、唯一正确的看法。"

在这里，在宋庆龄的协助下，孙中山以"痛心疾首"的心情，把"奔走国事三十余年"的经验从理论上进行总结，对革命成功后中国的近代化建设做出论述和规划。《民权初步》《孙文学说》和《建国方略》这些重要著作就是在这一时期完成的。在此期间，宋庆龄协助孙中山查阅资料，誊写文稿。《建国方略》中的《实业计划》一部分是用英文起草的。孙中山写出一章，即由宋庆龄用英文打字机打出。

工作虽然繁忙，但饮食却简单而有节制。在协助孙中山潜心进行总结和探索的同时，宋庆龄对孙中山的照顾体贴而周到。在长期的革命生涯中，没有规律的生活损害了孙中山的健康，孙中山的肠胃不很好。宋庆龄为他精选一些易于消化的食物。全家每天菜金不超过两元。据说，有一次，唐绍仪来访，畅谈甚欢，至午饭时刻，孙中山留他吃饭，特意叫人买了一只卤水鸭待客。吃完鸭子，唐绍仪还在等待上菜。宋庆龄尴尬地笑了。她一边向客人道歉，一边叫仆人从厨房里拿出仅有的一点儿咸鱼来。这让唐绍仪十分感慨。他说："我大吃大喝惯了，家里每餐至少要花十来块菜钱，你们的生活真是太清苦了呵！"

1919年，五四爱国运动爆发。当天，段祺瑞政府派军警驱散群众，并逮捕了31名学生，1位市民。这32人同被囚禁在步军统领衙门的一间监房里。室内拥挤肮脏，只有一个大炕，东西两边各摆一个大尿桶，臭气四溢。他们吃的是白开水就窝窝头，只有中午放风的时候才能稍微呼吸一点儿新鲜空气，但他们的斗志十分高昂，有人写诗明志：

> 为雪心头恨，而今作楚囚。
> 被拘三十二，无一怕杀头。
> 痛殴卖国贼，火烧赵家楼。
> 锄奸不惜死，来把中国救。

正在上海闭门著书的孙中山听到北京传来的消息，立即对学生、工人、市民的爱国行动表示深切的同情和支持。他指示邵力子到复旦大学发表演讲，又让宋庆龄起草了一封《学生无罪》的援助电报，要求段祺瑞立即释放被捕学生。由于孙中山的努力和其他各界人士的支持，特别是广大群众的团结斗争，北京政府被迫于5月7日释放了全体被捕者。7月中旬，宋庆龄又代表孙中山起草了致广东军政府电，要求立即释放被捕的工、学界代表，并严词谴责了桂系军阀支配下的广东政府镇压革命群众运动的行径："盖民气以愈激而愈烈，若专恃武力，横事摧残，不唯粤人之所共愤，亦即全国之所不容也。"①

8月，宋庆龄陪同孙中山会见了许德珩等北京学生救

---

① 《致广东军政府请释放工学界被捕代表电》，载《总理全集》下集，黄季陆编，成都近芬书屋1944年版，"文电"第166页。

国会的代表。据许德珩回忆："那是1918年的暑假，……我们去莫利哀路会见了孙中山先生。中山先生和我们谈话时，客厅的一隅，坐着宋庆龄同志在打字……1919年8月，我和参加全国学联工作的几位同学，再一次拜会了中山先生。这次访问，我们与中山先生就国家大事展开了热烈的讨论。宋庆龄同志仍然坐在那里打字……她并没有以中山先生夫人身份参加我们的讨论，这种稳重谦虚的风度，令人敬佩……"这次运动极大地推动了孙中山、宋庆龄反帝反封建民主思想的发展，使他们看到了人民群众的觉悟和力量，促使他们对社会主义产生向往。

1920年11月下旬，经陈独秀介绍，孙中山在上海寓所会见了列宁领导的共产国际的第一位使者格利高里·纳乌莫维奇·维金斯基。维金斯基又名查尔金，在中国工作时用中文名吴廷康，是共产国际远东局负责人，奉派前来同中国革命组织建立联系，帮助成立中国共产党。他在与北京的李大钊和上海的陈独秀就建党进行了一系列商谈后，经陈独秀介绍，与孙中山见面。在孙中山的书房，他们促膝长谈了两个多小时。孙中山询问了十月革命的情况，介绍了辛亥革命的情况，并表示希望通过中国南部的军事胜利，发展中国中部、北部各省份的革命运动。孙中山还为广州离俄国太远而感到遗憾，他希望苏联在海参崴或满洲里建立一个大功率的无线电台，以加强同广州的通信联络。

同年11月，驻闽南粤军回师广东，驱逐了桂系军阀。11月25日，孙中山在宋庆龄陪同下乘中国号邮船从上海经福州到广州，重组护法军政府。

＊
1920年，宋庆龄在上海留影。

1921年4月7日，国会非常会议参众两院联合会在广州省财政厅大楼举行会议，通过《中华民国政府组织大纲》。孙中山被绝大多数议员推举为非常大总统。会上有一位议员反对孙先生，湖南籍议员周震麟气愤地操起墨盒向他砸去。5月5日，孙中山就任非常大总统，并同宋庆龄一起检阅了广州数十万市民的庆祝游行队伍，随后又亲自参加了游行。晚间，他们一起观赏了广州人喜爱的灯会。这是孙中山在广州第二次建立政权。然而，孙中山并没有陶醉在喧天的欢呼声和斑斓的彩灯中。他清醒地看到，要统一中国，实现民主共和，就必须进行北伐，用武力打倒军阀。要进行北伐，又必须首先消灭在广西的桂系残余势力，以免它为患广东，成为北伐的后顾之忧。

　　6月27日，孙中山命令粤、赣、滇、黔各军出兵讨伐旧桂系军阀头目陆荣廷，并任命陈炯明为"援桂"总司令，分兵三路攻袭桂军。为了实现孙中山的宏图，宋庆龄与何香凝发动妇女，一起组织了"出征军人慰劳会"以支援前线，宋庆龄亲任会长，何香凝任总干事。这是中国妇女界为了慰问义师第一次办起来的慰劳会组织。

　　"出征军人慰劳会"主要通过组织义卖、义演、捐献等多种形式的活动，为北伐筹款，慰劳出征军人及救助伤员。慰劳会曾于是年7月在广州东园举办了一次大型的筹款义卖活动，设有美术、文具、食物、绣织、玩具、花草、化妆货物、药物、音乐、演剧各部。各部均陈列整齐，布置华美。其中以美术部各种书画最为引人

*
1920年10月,孙中山、宋庆龄在上海合影。

注目,不仅有孙中山书扇,还有胡汉民、汪精卫、陈协之、高剑父、何香凝、邹海滨、徐桂农、高奇峰等人的书画。宋庆龄以会长身份,与何香凝等女界代表出席了义卖开幕式。孙中山、胡汉民、马君武等到会祝贺。她们辛勤奔走,向各方面筹集了十几万元慰劳经费。当时上海《民国日报》发表评论说:"广州出征军人慰劳会,为孙大总统夫人发起组织,实为我国创举。连日在东园卖物筹款,成绩颇佳。"同月,慰劳会派出总干事何香凝率领的慰问团,携带蚊帐、衣物、药品、水果等慰问品,奔赴前线梧州,慰问出征的北伐将士。

8月4日,宋庆龄、何香凝又偕古湘芹夫人和朱卓文的女儿慕菲雅等到各医院慰问北伐受伤战士。她们"携备蚊帐三百床,及汗衫、人丹、食物、烟仔(香烟)等项,亲往医院分给伤兵……所有伤兵,皆欢欣鼓舞,感激非常"。出征军队士气高涨,在短短三个月中就平定了广西,统一了广西。

这次援桂讨陆之战,是孙中山晚年革命生涯中的一件大事。它瓦解了陆荣廷在广西的反动统治,消除了桂系对广西的祸害,粉碎了北洋军阀政府企图假手桂系颠覆孙中山的革命政权的阴谋,为1926年广东革命政府的北伐奠定了初基。

在桂林期间，宋庆龄作为孙中山的夫人和秘书，
夜以继日地负责处理大量机密书信和其他日常工作，
协助孙中山起草文件和讲稿，
是孙中山的得力助手。

——

李洁之
（孙中山总统府警卫团排长）

第九章

桂林扎营,准备北伐

两广统一后，孙中山便在桂林设立大本营，准备由桂经湘，进行北伐，讨伐直系军阀曹锟、吴佩孚。

1921年10月18日，广东出征军人慰劳会与红十字会联合。宋庆龄担任名誉总裁。10月下旬，宋庆龄又亲率红十字会会员由广州到达梧州，学生、工人列队到码头欢迎。街道两旁观者如堵，人们高呼："热烈拥护孙大元帅督师北伐！""打倒北洋军阀！""拥护国民革命！"在徒步前往广西省立第二中学操场参加梧州各界群众欢迎大会途中，宋庆龄被群众蜂拥围观。因为她蒙着面纱，身着西式服装，老百姓误以为她是外国妇女，愈发好奇。宋庆龄生性腼腆，碰到这种意想不到的场面，更是浑身不自在。幸有卫士解释，群众才给她跟孙中山闪开一条路。

12月6日，宋庆龄又来到了桂林。孙中山是12月4日到达桂林的。孙中山到达时，欢迎的队伍由城内一直排到搭有欢迎彩棚的将军桥，绵延十里。孙中山在将军桥与各界代表一一握手后，上轿入南城门到皇城行辕——独秀峰侧原桂王府。沿途张灯结彩，数万群众唱起了《欢迎歌》：

> 跸节兮遥临，桂岭兮生春。
> 君子兮至此，万众兮欢腾。
> 笑徐逆抗命，伪廷卖国计空逞；
> 不见武鸣陆[①]，祸桂残民终自焚；

[①] 即陆荣廷（1859—1928），中华民国旧桂系军阀。原名亚宋，字幹卿，广西武鸣人，时人称"陆武鸣"。

不见谭、陈、莫①，穷兵黩武终逃奔。
到头来还是强权失败民权胜，
三民五权主义真，欢迎我元勋。

    由法专同学周邦惠创作的这首歌，表达了桂林人民欢迎孙中山的空前热情，以及他们对北洋政府头目徐世昌和为害广西的军阀陆荣廷、谭浩明、陈炳焜、莫荣新的无比痛恨。

    孙中山一到桂林就在桂王府设立了大本营。这里原为前清贡院，民国后改为咨议局，左邻师范学院（今广西师大），规模非常宏伟。警卫团团部设在前楼，中间有一大楼，孙中山和宋庆龄的办公室、餐室、卧室均在楼上。后面是大礼堂，孙中山、宋庆龄与陈少白、胡汉民四人同餐。饭后，宋庆龄常跟孙中山在大礼堂附近散步；有时也步行于街道，同围观群众谈话。卫士很为他们的安全担心。孙中山说："我们为人民做事，难道会有人来害我们吗？"

    人们还发现，他们在街上行走，总是宋庆龄稍微靠前，孙中山随行在后。因为当时广西有男尊女卑的陋习，孙中山有意用尊重妇女的行动向旧传统挑战。1922年元旦，孙中山夫妇用华侨送的年糕招待宾客，每一份年糕都是宋庆龄亲手切的。从这件小事，客人们感到了宋庆龄待人的诚挚。据曾先后任过孙中山总统府警卫团排长和大元帅府警卫团连长的李洁之回忆："在桂林

---

① 谭、陈、莫分别指桂系军阀谭浩明、陈炳焜、莫荣新。

期间，宋庆龄作为孙中山的夫人和秘书，夜以继日地负责处理大量机密书信和其他日常工作，协助孙中山起草文件和讲稿，是孙中山的得力助手。庆龄同志身为孙夫人，在中外都享有盛誉，但她从不为自己谋名利。她生活俭朴，早餐多为腐乳就米粥，家里陈设也很朴素。"

宋庆龄到桂林后参加的第一项重要活动，就是陪同孙中山接见列宁派赴中国的第三国际代表马林。马林原名亨德里克斯·斯尼弗莱德，原籍荷兰，在印度尼西亚长大，曾在印度尼西亚（当时称"荷属东印度"）参与独立运动，并曾出席中国共产党的第一次代表大会。当时，马林经张继介绍，由张太雷陪同，于12月23日傍晚到达桂林。

马林在桂林逗留了9天，跟孙中山进行了几次晤谈。宋庆龄参加了会见。晤谈时，马林穿一件黑哔叽上衣，套一件灰色棉外套，头戴黑绒高帽，围一条长绒围巾，常常一边说话一边下意识地托托挂在耳边的无框近视眼镜。他介绍了爪哇民族主义性质的群众组织泛伊斯兰教联盟的发展，并提出关于中国革命的两项建议：一、组织一个能联合各阶层，尤其是工农群众的政党；二、建立革命的武装核心，应先创办军官学校以培养革命骨干。孙中山则向他讲述了国民党的策略、发展历程，袁世凯时期流亡海外的活动，跟太平洋各国华侨的关系，以及华侨对国民党的帮助等。通过会谈，孙中山认为苏联实行的新经济政策其精神与民生主义不谋而合，深信苏联能先实行跟三民主义相符的政策。从这一理解出发，孙中山赞同联合苏维埃俄国。马林对这次会谈也颇感满意，认为孙中山可以跟苏俄建立友好关系，国共两党也可以密切合作。

宋庆龄从事的另一重要工作，是发展桂林妇女运动。她不顾旅途劳顿，一到桂林后立即在盐道街桂林艺术学校召开了三次妇女座谈会，调查了解桂林的妇运状况。大家谈了桂林知识妇女和劳动妇女的悲苦处境，宋庆龄十分动情。她说，妇女一定要解放，也一定能解放！斗争则生，革命则存。团结起来，组织起来，冲破封建牢笼，做新时代的女性。投身到北伐战争中去，就有力量，就有希望。在宋庆龄的号召下，桂林妇女发动起来，成立了"桂林妇女联合会"，会址设在依仁路道立女子师范学校，后迁至王宫街武庙内，跟市政府一起办公。桂林的女国民党员也由原来仅有的一人迅速发展到200人。

在桂林，宋庆龄还常陪孙中山走访名山胜景，有时是为了视察地形，有时是单纯游览。1921年底，宋庆龄陪同孙中山、廖仲恺等人游罗浮山。他们是一起坐小电船去的。孙中山在船上谈到中国革命问题，他说："现在有人对民生主义不甚了解，认为解决民生问题，并不是当前最迫切的要求，其实这是错的。我们革命，目的是在推翻帝制，建立自由平等繁荣富强的民国。如若不解决民生问题，怎能达到繁荣富强呢？"孙中山又谈到了他在《建国方略》《建国大纲》里写的建设远景，大家听了都很兴奋。宋庆龄还曾陪孙中山游览七星岩。洞内一片漆黑，一群打着赤脚、衣衫褴褛的小孩子手持火把导游。宋庆龄笑眯眯地给孩子们分赏钱。孙中山勉励孩子们说："你们今天拿火把导游，将来长大了就要参加革命，拿枪杆打敌

1922年2月9日，宋庆龄与孙中山游览桂林叠彩山时留影。

人。革命成功了,你们就可以过好日子了。"①1922年2月9日,宋庆龄又陪孙中山游览桂林叠彩山。孙中山头戴礼帽,身穿中山服,右手拄一根手杖。宋庆龄文静地站在他的右侧,身着中式衣裙,左手提一把洋伞。

1922年3月下旬,正当集结在桂林的部队准备挥师北伐时,传来了后方不宁的消息。孙中山即下令回师韶关,改途北伐,仅留参军林树巍率叶挺一营和电讯、测量二队留守桂林。5月6日,孙中山抵赴韶关督师,宋庆龄率红十字会会员多人随行,准备进行战地救护,以实际行动表达对孙中山北伐统一中国大业的热忱支持。

1922年6月1日,宋庆龄随孙中山乘火车返回广州。当时以孙中山随员身份到达桂林的叶剑英回忆说:"1921年的出师桂林北伐失败了。失败的原因之一是在后方的陈炯明与北方军阀勾结起来,反对北伐,五六个月不供应在广西的军饷,再加上在前面的湖南赵恒惕又变了卦,所以中山先生不得已于1922年回师广东。但是他这时仍决心北伐,所以他本人进入广州,却叫李烈钧、朱培德、许崇智等出兵江西,进行北伐。当北伐军打下赣州,节节推进时,盘踞广东根据地的陈炯明(当时在惠州)却密令叶举,由广西突然袭击广州,这就是陈炯明的公开叛变事件。"②

---

① 张猛:《孙中山先生在广西时的一段回忆》,载尚明轩、王学庄、陈崧编:《孙中山生平事业追忆录》,人民出版社1986年版,第335页。
② 叶剑英:《孙中山先生的建军思想和大无畏精神》,载尚明轩、王学庄、陈崧编:《孙中山生平事业追忆录》,人民出版社1986年版,第324页。

精诚无间同忧乐,笃爱有缘共死生。

——

孙中山

第十章

"笃爱有缘共死生"

广州越秀山公园南门对面,有一座富丽堂皇的八角形建筑:蓝色的琉璃瓦屋顶,红色的圆柱,具有浓郁的民族风格。这里原为清新军督练公所。1921年5月5日孙中山在广州就任非常大总统后,将总统府设于此地。进入公园南门,有一座小山坡,在开着绚丽红花的凤凰树丛中,巍然屹立一座石碑,上书"孙中山读书治事处"。这就是孙中山、宋庆龄观音山住所的原址——粤秀楼。

1922年6月中旬,当北伐军克赣州进逼吉安时,孙中山一手培植的广州国民政府陆军部部长陈炯明发动兵变,将总统府与粤秀楼夷为平地,孙中山与宋庆龄凭着他们的勇气和幸运,九死一生,幸免于难。

陈炯明,字竞存,原是清朝秀才,1909年任清广东省咨议局议员,1909年加入同盟会。武昌起义后任广东副都督,后代替胡汉民行都督职权。"二次革命"失败后,陈炯明在新加坡组织所谓"中华水利促进社",拥戴清末大官僚岑春煊为首领,跟孙中山领导的中华革命党对抗。1916年袁世凯暴卒后,陈炯明再次投机革命。1917年,孙中山倡议护法运动,陈炯明由于找不到其他出路,表示"竭诚拥护",同年底被孙中山任命为援闽粤军总司令。1920年,孙中山任命他为广东省省长兼粤军总司令,第二年孙中山出任非常大总统后,又任命他为陆军部部长兼内务部部长,集四要职于他一身。权力增大后,陈炯明的野心随之膨胀。1922年,陈炯明以"保境安民""联省自治"为旗号,与南北各实力派军阀结成反对孙中山的反革命联盟,阻挠北伐进行。他派人在广州暗杀了拥护孙中山的名将邓铿,扣押了财政次长廖仲恺,想断绝北伐军的粮饷。他还勾结湖南军阀赵恒惕,反对北伐军假道湖南。因此,孙中山免去他广东省省长、粤军总司令和广州政府内务部部长三职,只留下他陆军部部长一职。"图穷匕首见",陈炯明阴谋败露之后,于同年6月15日密令他手下的将领叶举发动了一场武装叛乱。

16日凌晨2点,宋庆龄正在酣睡,突然被孙中山喊醒,催促她立即整装,迅速转移。孙中山说,他刚接到卫戍司令魏邦平的电话,说陈炯明的部队将进攻总统府,必须立刻避入战舰。宋庆龄请求孙中山先行撤离,因为她如果同行,反而对孙中山不便,而且宋庆龄觉得个人不致有何危险。孙中山坚决不同意。宋庆龄再三婉求,并帮他穿上白夏布长衫,戴上白帆布的盔形帽,化装成出诊医生模样。接着林树巍、林直勉、陆志云强挟他离去。孙中山身不由己,只好回过头,对跟在身后的侍卫副官马湘和黄惠龙说,"你们不必跟随,什么危险我都不怕"[1],并"令五十名卫队全数留守府中"[2]。后来,孙中山跟广东省省长伍廷芳及一些文武官员乘坐"楚豫"号军舰避住黄埔。

当时,叶举部队四千人分东、南、北三线包围总统府,而总统府只有一团卫队,团长是陈可钰,营长是薛岳、叶挺和张发奎。守卫观音山官邸的卫队官兵只有五十

---

[1] 马湘:《跟随孙中山先生十余年的回忆》,载尚明轩、王学庄、陈崧编:《孙中山生平事业追忆录》,人民出版社1986年版,第135页。
[2] 宋庆龄:《广州脱险》,载《宋庆龄选集》(上卷),人民出版社1992年版,第16页。

人，队长姚观顺①，一分队长黄惠龙，二分队长马湘。主要武器是新从檀香山购买的手提机枪30支，其余就是一些驳壳手枪、五响步枪。叛军占领了山头，居高临下，一面朝粤秀楼开枪，一面狂呼着："打死孙文！打死孙文！""冲进总统府赏洋50元！活捉孙文赏洋20万！"为了吸引叛军的火力，造成总统仍在粤秀楼的假象，宋庆龄置个人生死于不顾，毅然命令卫队将大楼里的全部电灯都开开，连凉台里和过道也亮灯，以掩护孙中山撤退。四周夜色浓重，独有粤秀楼灯火通明，像高耸在黑夜里的一座光明堡垒，像在险风恶浪中拼搏的一艘战舰。因为看不清敌人，卫队暂不予反击，只潜伏在隐蔽处。

凌晨5时许，叛军一面在广州市区张贴布告："国会恢复，护法告终，我军将士，一致赞同。促孙下野，以示大公，商民人等，幸勿惊恐。"一面向粤秀楼发起猛攻。卫队开始用来福枪和机关枪跟敌人对射。叛军用野炮轰击孙、宋寓所，有一发炮弹击毁了寓所的浴室，弹片和碎瓷纷飞。此时，观音山成了火山，粤秀楼是火山口，喷着火，吐着烟。卫队伤亡已有三分之一，但其余的人仍英勇奋战，毫不畏缩。在战斗进行中，宋庆龄常巡视四周，时加勉励，鼓舞卫队斗志。到了8点钟，卫队的弹药几尽，只得停止回击，仅留几盒子弹，准备进行最后的决斗。在这种情势下，继续留守已无意义。警卫队长姚观顺劝宋庆龄立即下山转移至总统府。总统府有陈可钰团长率领的警

---

① 姚观顺（1892—1951），祖籍广东香山。生于美国加州，早年就读于美国那威治军校，攻读军事工程。因受孙中山影响，参加革命。

卫团驻守，到那里或者可以找到冲出重围的办法。于是，宋庆龄在姚观顺、黄惠龙、马湘的护卫下，从天桥向总统府前进。这时，埋伏在执信学校前面的叛军用机枪向桥上扫射，枪弹密如雨霰，嗖嗖之声不绝于耳。忽然，姚观顺大腿被子弹击中，伤及一条大血管。黄、马抬起姚，继续前进。他们四人刚过天桥，粤秀街一段栈桥即被叛军炮弹击中，登时焚毁，火光熊熊。叛军围攻总统府大半日仍无成效，便请态度中立的广州卫戍司令魏邦平于下午3时派出军使马毓藩前来与陈可钰团长讲和。陈可钰提出三个条件：一、保护孙夫人安全退出，沿途陈军不得侵犯；二、保障总统府全体官兵生命及家属安全；三、驻总统府警卫团全体官兵开往燕塘集中，将枪械搭架点交，由粤军发饷一月解散。不料，正在商议时，已失去控制的叛军已从总统府后门蜂拥而入。

事态危急，黄惠龙双手拉开铁门，跟马湘合力保护宋庆龄从前门冲出。宋庆龄头戴姚观顺的草帽，身披孙中山的雨衣，以置之死地而后生的大无畏精神掩过敌人耳目，在混乱的人群中脱身。他们三人冲出总统府大门后，敌人又是一阵轰击。接着，他们路遇一群准备去抢掠财政府及海关监督处的乱兵。幸而马湘携有50枚面额两角的银圆，便分向左右两边掷去。叛军争相俯拾，宋庆龄一行乘机抢过马路，逃进斜对面一条曲折蜿蜒的小巷。跑了一阵，宋庆龄再也跑不动了，马湘和黄惠龙便一人抓住她一条臂膀架着她走。眼前尸体枕藉，有的腿断臂折，有的膛开腹露。宋庆龄还看见两人，在房檐下相对蹲着，像仍在对阵。靠近一看，发现两人眼珠都不动，才知道他们已经死了，或许是同时被流弹击毙的吧。宋庆龄等正往前逃，忽有一队乱兵由小巷蹿出，向他们一阵射击。他们急中生智，立即伏在地上装死。那些乱兵居然被迷惑，到别处去抢掠了。他们爬起又跑……

宋庆龄一行跑到一紧闭双扉的农舍，黄惠龙踹开大门，三人躲了进去。屋里的老妇人闻声赶出来，要把他们撵走，唯恐受到牵连。宋庆龄又累又急，昏倒了过去。待苏醒过来时，黄、马两位侍卫正在用凉水浇她的头，并给她打扇。这时黄惠龙溜出门外去看动静，刚到巷口，即被叛军步哨发现。他边战边走，把叛军引开。待枪声完全沉寂之后，宋庆龄化装为一村妪，马湘扮成贩夫，离开老妇人的家。走过了一两条街，宋庆龄在路边捡起一个菜篮、几片菜叶，挽着篮子走路。他们从四牌楼横过维新路，转入高第街，来到一位同志——长洲要塞司令马伯麟的寓所。马伯麟不在家，看家的是他的九妹，还有一位亲信勤务兵，正奉他的命令在烧毁文件。马湘赶快问勤务兵看到孙中山先生没有？勤务兵连声回答："看见，看见。"宋庆龄听了很高兴，立即写了一封信托他转交给孙中山。这时，马湘忽然想起宋庆龄已两天没有吃东西，便请马九妹叫仆人弄了些饭菜。宋庆龄因为过度疲劳，勉强吃了半碗，然后在马九妹的床上睡了一夜。那天晚上，炮声通宵不断。宋庆龄听到战舰开火还击的声音，知道孙中山已安然无恙，感到万分欣慰。

6月17日，宋庆龄仍化装为村妪，逃往沙面自来水厂一位国民党同志李国斌家。他家住在一座自来水塔底下，大小十余口人，挤在一间小房里。当晚，李国斌的妻子把床让给宋庆龄，他们一家人便睡在地上。18日上午8时，岭南大学校长钟荣光派来一艘电船，将宋庆龄等接到与广州一河之隔的岭南。在河面上，宋庆龄看到有几艘满载着抢掠品和少女的船只，正在陈炯明叛军的押解下驶往他处，感到十分悲愤。当天下午，叛军搜查了钟荣光的家（今中山大学第一招待所），但宋庆龄已安全转移。后来听说，有两位外貌跟宋庆龄相似的妇女，被叛军逮捕监禁。那天晚上，宋庆龄终于在永丰舰上见到了孙中山，真如死别重逢，悲喜交集。由于时值盛夏，舰内酷热难熬，船身颠簸不止，为了宋庆龄的安全，孙中山让她离舰，仍回岭南大学钟荣光家暂住，自己留在舰上指挥平叛。次日，宋庆龄在孙中山的美国顾问那文的护送下抵达香港。

6月25日，宋庆龄由孙科陪伴从香港来沪。28日及29日，上海《民国日报》连载《粤变纪实》[①]，生动而真实地记叙了这场事变的经过。这篇文章后来成为宋庆龄自传中最动人的篇章。8月14日，孙中山平叛失败，乘英舰摩汉号抵香港，换乘俄国玛丽皇后号邮舱到达上海，由吴淞登岸。

"祸患生于肘腋，干戈起于肺腑。"陈炯明的叛变，使孙中山陷于一生中最为苦闷、最为气愤、最为痛心的时刻。叶楚伧在《痛心》一文中写道："痛心到孙总统平日以忠厚待人，竟受了这样一忠厚待人的结果。痛心到孙

---

① 该文原稿为英文，1922年在报刊上发表时，曾用过《粤变纪实》《广州脱险》等题目。1923年8月，宋庆龄亲笔题名《广州蒙难记》。

总统迭次宣言将广东完全交给陈氏,而陈氏竟不容孙总理在广州。痛心到孙总理辛苦护法,竟失败于陈炯明的一叛。痛心到陈炯明,因一个总司令问题,竟开了个民国未有的叛变先例。痛心到陈炯明,危害孙总统的手段,竟比北洋武人的兵谏更辣。……痛心到这次事变,是中国新生机上,受了一个前所未有的伤痕。"① 9月18日,孙中山在《就陈炯明叛变事件致海外同志书》中写道:

> 文率同志为民国而奋斗垂三十年,中间出死入生,失败之数不可偻指,顾失败之惨酷未有甚于此役者。盖历次失败虽原因不一,而其究竟则为失败于敌人。此役则敌人已为我屈,所代敌人而兴者,乃为十余年卵翼之陈炯明,且其阴毒凶狠,凡敌人所不忍为者,皆为之无恤,此不但国之不幸,抑亦人心世道之忧也。②

在这次叛乱中,孙中山和宋庆龄还遭受了两个十分令人痛心的损失:一是宋庆龄因极度紧张和疲劳,在逃难途中小产,此后再无生育③;二是总统府被叛军焚毁,孙中山的藏书以及许多重要未刊稿悉付一炬。宋庆龄1980年2月13日致一位历史研究者的信提到:"孙先生在广州时也给

---

① 上海《民国日报》1922年6月18日。
② 孙中山:《就陈炯明叛变事件致海外同志书》,载《孙中山选集》,人民出版社1981年版,第518页。
③ 据廖梦醒、何香凝等回忆,宋庆龄到达岭南大学钟荣光家就流产了,但孙中山的副官张猛说,宋庆龄是事变发生后数天在香港流产的。

列宁通电、通信。可惜,宝贵的底稿都被陈炯明放火烧观音山住所时所烧去。"这两个损失都是无法弥补的。

但陈炯明的叛变却使蒋介石开始发迹。蒋介石是孙中山从广州脱险后登上永丰舰时的随从军官之一。这是蒋介石第一次有机会每天都同孙中山在一起,并让孙中山对他产生了好感。之前,蒋介石有好几年脱离了军界和革命工作,在上海做股票经纪人。蒋介石随孙中山上永丰舰后,眼看形势不妙就私自溜回了上海。但他同孙中山的关系,使他后来得以取得国民党的最高军政大权。再后来,蒋介石同上海金融界勾结,实现了他从革命到反革命的全国范围的大规模叛变。

陈炯明叛变后,全国各进步团体和进步人士纷纷发表声明进行声讨。为了支持处于危难和迷惘中的孙中山,中国共产党于6月15日发表了《中国共产党对于时局的主张》,又于7月在上海召开了第二次全国代表大会。党及时指出:中国祸乱的根本原因,在于帝国主义与封建军阀,提出了"打倒帝国主义""打倒军阀"的革命口号。党还明确指出:"中国现存的各政党,只有国民党比较是革命的民主派,比较是真的民主派。"[①]表示了愿意同国民党民主派及其他革命团体建立联合战线的真诚愿望。

"世界潮流,浩浩荡荡,顺之则昌,逆之则亡。"中国共产党的主张,使北伐雄图化为灰烟的孙中山在极度的痛苦中看到了真的革命力量、真正的革命希望。列强

---

① 1922年6月20日《先驱》第9号。

不可信，军阀不可恃。"走联俄联共的道路"是国民革命的唯一转机。

宋庆龄在这次事件中表现出来的无畏精神和几年来辅助孙中山南征北战的功绩，受到了革命同志及广大官兵的认同和赞许。陈炯明叛变之前，国民党内还有人认为宋庆龄是"花瓶"，故意地称她"宋小姐"；此役之后，不但承认她是"总理夫人"，而且由衷地尊称她为"孙夫人"了。何香凝后来追忆这段历程时说：宋庆龄当时"处处为孙先生着想——也可以说是为中国革命的前途着想，临难应变，这么大义凛然，真令人感动！……自从这件事之后，我对于夫人就格外地尊敬爱护了"。就连国民党中一些原来对宋庆龄和孙中山结婚不满的党员，也开始对宋庆龄刮目相看。对于宋庆龄经常在公开场合与孙中山一同出现，人们的印象也从"不同寻常"转而认为是"合适"的了。宋庆龄开始为人瞩目。

广州脱险后，孙中山更是感到宋庆龄无论在战斗中还是在生活中，都是他无可代替的助手和伴侣，于是深情地书赠宋庆龄一副对联："精诚无间同忧乐，笃爱有缘共死生"，表达了他们之间风雨同舟、忧乐与共的至情。这也成为宋庆龄参与国民革命事业的真实写照。

*

孙中山为宋庆龄题写的对联:"精诚无间同忧乐,笃爱有缘共死生。"

大家都知道她不仅是中山先生的爱侣，
而且担负着机要秘书工作，
……
对改组国民党制订三大政策，实行革命的三民主义，
都起到了积极的辅助作用，是一位得力的助手。

———

季方

第十一章

一位得力的助手

两次护法斗争的失败，特别是陈炯明的叛变给孙中山以异常沉重的打击，使孙中山深深地陷入彷徨和苦闷之中。宋庆龄回忆当时孙中山的心情时说："孙中山也痛苦地认识到国民党的严重局限性。我曾多次听他说国民党内部矛盾怎样使它不能有效地进行革命。国民党中不真心想在中国进行彻底的社会改革的党员太多了。在帝国主义已成了主要敌人，并且已经有了列宁和布尔什维克党的榜样的时期，怎样领导革命斗争，这是他想得越来越多的问题。"① 在孙中山十分苦闷、极端困难的时刻，宋庆龄给他以热情的鼓舞、全力的帮助和无微不至的关怀体贴，使他在经过了长期的思索和探求之后完成了他一生中最为伟大的转变：从向西方学习转向"以俄为师"；从幻想得到帝国主义和封建军阀的援助转向"联俄、联共、扶助农工"的三大政策，以推动中国国民革命事业，实现他的主义和理想。

宋庆龄对孙中山的巨大支持，突出地表现在支持孙中山力排众议，跟苏俄和中国共产党联合，并把它提到基本国策的高度。在促成孙中山做出与苏维埃国家结成联盟的决策过程中，宋庆龄无论在思想领域还是在实际工作中，都起了十分积极的作用。孙中山跟中国共产党和共产国际代表举行的一系列会谈，宋庆龄都是赞成的。

1922年8月23日，在孙中山最困难的时刻，他会见了中国共产党的缔造者之一——李大钊。李大钊是特地

---

① 宋庆龄：《孙中山和他同中国共产党的合作》，载《宋庆龄选集》（下卷），人民出版社1992年版，第388页。

赶到上海慰问孙中山，并代表中国共产党同他商谈建立联合战线问题的。李大钊还和孙中山专门讨论了"振兴国民党以振兴中国"等问题。对李大钊的到来，孙中山非常高兴。他和李大钊畅谈不倦，几乎忘食。宋庆龄每次旁听，都深受教育。她认识到"孙中山为中华民族和中国人民进行的四十年的政治斗争，在他的晚年达到了最高峰。这一发展的顶点是他决定同中国共产党合作，一道进行中国的革命"。据宋庆龄回忆："早在一九一九年，他（孙中山）就同李大钊等人有了接触。……孙中山特别钦佩和尊敬李大钊，我们总是欢迎他到我们家来。"[1]在孙中山的热情邀请下，李大钊由孙中山主盟最先加入了国民党。孙中山对李大钊说："你尽管一面做第三国际的党员，一面加入本党帮助我。"这表现了孙中山对共产党在统一战线中独立地位的尊重。后来，宋庆龄想要更多地了解马克思主义，还曾写信给在北京的李大钊，请他寄一本他认为较好版本的布哈林的《历史唯物主义》英文版。

同月25日，苏俄全权代表越飞派一随员携函拜访孙中山。双方就远东局势问题交换了意见，洽商了苏俄与孙中山的合作问题。苏俄方面表示：中国面临的首要任务，乃在国家的统一与独立。在完成此项伟业的进程中，苏俄将给予最挚热的同情与大力援助。孙中山希望越飞先派军事工作人员来沪，以便详细了解军事问题。

---

[1] 宋庆龄：《孙中山和他同中国共产党的合作》，载《宋庆龄选集》（下卷），人民出版社1992年版，第393页。

这一阶段，越飞四次致函孙中山，孙中山在宋庆龄协助下写了三封复信。

次年1月18日，孙中山与以养病为名秘密来沪的越飞正式会见。越飞蓄着黑胡子，戴眼镜，身体瘦弱但才思敏捷，是一个久经考验的布尔什维克和能干的外交家。孙中山与越飞的谈判进行了四个多小时。宋庆龄回忆说，孙先生1923年在上海故居的秘书室内见过越飞。他是列宁的代表。1月19日、20日、22日，孙中山与越飞又在越飞下榻的上海汇中饭店和孙中山寓所举行了三次会见。①1月26日，孙中山与越飞在多次会谈的基础上发表了《孙文越飞联合宣言》。这一宣言标志着孙中山"联俄"政策的确立，而这一政策又促进了他"联共"政策的进一步发展。越飞重申：苏联政府愿意在废除沙俄时代签订的不平等条约（连同中东铁路等合同在内）的基础上，另行开始中苏外交。

在越飞之前，宋庆龄已经接触过马林和维金斯基等一些较早来到中国的苏联信使，他们的年纪和青春激情同她相仿。现在越飞身上成熟的智慧和经验，更令宋庆

---

① 另据马湘《跟随孙中山先生十余年的回忆》："先生与越飞相见之下，极为喜悦，当即与越飞在楼上客厅开始会谈，孙夫人、林伯渠和李大钊亦参加，一连整整谈了六天。在这期间，先生吩咐我，无论何人都不予通传和不许登楼。过了几天之后，林伯渠来，我问他前几天会谈的是什么问题，关防为什么要这样严密。他告诉我说，这次谈的是关于革命党应以苏俄为师、苏俄帮助中国革命、打倒军阀的问题，要我保守秘密。"马湘的回忆提供了一些珍贵史料，但也有一些宋庆龄认为应予纠正的错误，如：孙中山与越飞会谈时，宋庆龄遵守革命纪律，一直守候在秘书室，并未正式参与会谈。

龄钦佩。宋庆龄也在协助孙中山与越飞进行英语交谈、通信和谈判的过程中，继续向孙中山学习着。孙中山在遭遇了陈炯明叛乱这一重大挫折后，很快又重新振作，积极探索革命胜利的道路精神，使宋庆龄对孙中山善于学习、对革命始终如一的精神感受更深。

1923年1月，粤军邓演达会同滇军杨希闵、桂军刘震寰联合驱逐陈炯明，并电请孙中山回粤复任大元帅。2月15日（阴历除夕），孙中山与宋庆龄由上海启程，搭乘杰斐逊总统号轮船南下，17日抵达香港，稍停几日，于21日重返广州，第三次建立政权。孙中山抛弃了护法这面陈旧的旗帜，积极推进改组国民党的工作。他一方面派出"孙逸仙博士代表团"赴苏访问考察，另一方面邀请苏联政治军事顾问帮助中国革命。

这年9月，米哈依尔·马尔科维奇·鲍罗廷以共产国际驻中国代表、苏联派驻国民党代表的身份来华。10月6日鲍罗廷飞抵广州；10月18日，鲍罗廷被任命为国民党组织教练员；12月13日又被任命为国民党顾问。鲍罗廷当时39岁，身材魁梧，脸盘宽大，审慎而又善交际，是很有魅力的人物。他是"东方"和"西方"相结合的国际革命运动的产物，十几岁时就参加了布尔什维克党，遇见了列宁并在其手下工作。

鲍罗廷向孙中山建议，为了实现北伐目标，需要做大量的准备工作，主要有：改组国民党，使之成为民族和社会革命者的团体，有严密的组织和严格的纪律——这些因素被孙中山认为是苏共力量之所在，也是它取得胜利的奥秘；建立一支独立的、非军阀控制的军队，开办军官学校；必须联合民众。鲍罗廷还提议，根据俄国的经验，一定要制订和实施一个有吸引力的社会、经济改革的纲领。鲍罗廷在反击陈炯明进犯广州、起草《国民党第一次全国代表大会宣言》、平息商团叛乱的过程中，也发挥了举足轻重的作用。在美国独立战争期间，法国著名将领拉斐特曾经辅佐华盛顿指挥作战。孙中山认定鲍罗廷就是他的"拉斐特"，对鲍罗廷极为信任，甚至国民党的组织法及党纲、党章等重要文件都先交鲍罗廷起草，他最后审定。有文章载道："中山在日，出入门下者，于廖汪胡蒋诸同志外，俄顾问鲍罗廷亦其一也。中山为大元帅时，因恐政敌暗算，警备极严，部属进谒，须先经传达，但另有一种特别符号，佩此符号者，不仅可以直入大元帅府，而且可以直入大元帅室。但此项特别符号仅十二枚，非亲信之人，不能领得，而鲍氏亦得此项特别符号一枚，故可以直入大元帅室，可见其与大元帅关系之密切。"①

宋庆龄努力襄助孙中山推行三大政策，真诚热情对待苏联友人。鲍罗廷夫妇尽量用英语向宋庆龄介绍俄国及国际革命运动的理论和实践。鲍罗廷妻子在回忆中说：

> 到广州以后不久，我就认识了孙中山和他的夫人——容貌秀美的宋庆龄，我们并且很快就成了好朋友。……孙中山和鲍罗廷都精通英语，所以他们

---

① 元伯：《宋庆龄左倾记》，载《现代史料》第2集，海天出版社1933年版，第145页。

共事伊始就可以不用翻译。这一点（当然，革命观点的一致性就更不必多说了）极有利于他们的直接交往和友好接触。孙中山有一次竟就此开了一个玩笑，他对鲍罗廷说，殖民主义者使中国蒙受巨大灾难，可是他们的语言倒成了向中国同志传授革命经验挺不错的工具。……孙中山经常一连几个小时地同鲍罗廷谈话，详细询问俄国革命发展中某些阶段的情况、俄共（布）的历史、1905年革命失败的原因、凯歌高奏的伟大的十月社会主义革命准备的情况等。他对列宁生活的细节也很感兴趣，例如列宁侨居国外时怎样工作（鲍罗廷曾于1904年与列宁一起侨居瑞士）、怎样培养革命者、如何研究多种学科和学习外语、如何出版和编辑《火星报》等许多情况。……孙中山的夫人宋庆龄对我们家人和各苏联顾问也很真诚、友好，她积极参与丈夫的政治工作。我们与她谈话也不用翻译，因她的英文极好。宋庆龄向我讲述了关于中国妇女的许多有趣的情况，介绍我认识了社会各阶层的一大批妇女代表。……孙中山与鲍罗廷的友谊与共同工作一直持续到这位伟大的中国革命者生命的最后时刻。当孙中山因胃癌和肝癌病卧北京、生命垂危之际，宋庆龄和鲍罗廷一直守护在他的病榻之旁，孙把遗嘱和致苏联遗书交给了鲍罗廷。

另有文章谈到鲍罗廷对宋庆龄革命影响：鲍罗廷"与宋氏亦常见面。鲍虽俄人，而英语甚佳，宋氏曾留美,英语亦佳,彼此可以直接通话,无需舌人也。鲍氏不仅曾参加俄国大革命,且曾参加土耳其革命与英国劳动运动,在英国与俄国(十月革命以前),曾几次入狱,革命经验极为丰富,故宋氏颇喜与鲍氏接谈,因宋氏对于世界革命消息,颇喜探听也。说者谓宋氏思想之左倾,实得鲍氏之影响"①。

1924年,对于孙中山和宋庆龄来说,这都是关键性的一年。58岁的孙中山和31岁的宋庆龄之前所做的一切,似乎都是在为这一年的发展做准备。

1924年1月20日上午10时,中国国民党第一次全国代表大会在广州开幕,参加大会的代表共计198人。孙中山以总理身份担任主席,并致开幕词。他说:"这次大会,与13年前的武昌起义同样重要,必留为历史上之大纪念,开革命之新纪元。"下午2时,孙中山又在会上讲述了中国的现状及国民党改组之必要。他说:"俄国革命是彻底革命,故革命虽迟我六年,而成功较我们为快,此一次改组,就是从今日起重新补过。以前种种譬如昨日死,以后种种譬如今日生。"

开幕式当天,孙中山还亲自指定李大钊为五人主席团成员和九人组成的宣言审查会成员。毛泽东、林伯渠、瞿秋白、李维汉、王尽美、夏曦等20多名共产党人也参加了大会并发挥了积极作用。大会审议并通过了以反帝反封建为主要内容的《中国国民党第一次全国代

---

① 元伯:《宋庆龄左倾记》,载《现代史料》第2集,海天出版社1933年版,第145页。

表大会宣言》草案。这个草案是鲍罗廷根据共产国际执行委员会主席团《关于中国民族解放运动和国民党问题的决议》的基本精神起草的,由瞿秋白翻译、汪精卫润色,并经孙中山同意。草案对三民主义做了适应时代潮流的新解释,确立了联俄、联共、扶助农工的三大政策。大会通过的《中国国民党章程》,确认了共产党员以个人身份参加国民党的原则。这次大会的召开表明改组后的国民党,已不再是一个单纯的资产阶级政党,而是革命阶级的联盟和统一战线的组织形式。因此,国民党一大成为第一次国共合作形成的标志。

孙中山指派陈璧君、何香凝和唐允恭三位女代表参加国民党一大。国民党一大召开期间,宋庆龄不在广州。她于1924年1月9日返沪探亲,至4月10日始返广州。宋庆龄虽然不是国民党一大的正式代表,当时也没有公开发表过言论,但她从始至终坚定地支持孙中山及其在国民党一大上的决定。

支持联俄、联共、扶助农工的三大政策

当时,国民党右派不满意孙中山倾向于社会主义和刷新三民主义的做法,坚决拥护孙中山勇敢行动和开明思想的只有宋庆龄、廖仲恺、何香凝、朱执信等少数人。宋庆龄在1937年4月发表的《儒教与现代中国》一文中,回忆1924年就国共合作问题进行讨论时,她曾问孙中山:"为什么需要共产党加入国民党?"孙中山回答说:

国民党正在堕落中死亡，因此要救活它就需要有新血液。"他所说的"堕落"是什么意思？他指的是：国民党员缺乏革命精神、士气与勇气，大家忘记了建立国民党的目的是革命，因此产生了个人利益开始支配党员行动这种不幸的后果。对于他周围所见的一切感到厌恶和失望，他不止一次向我说："国民党里有中国最优秀的人，也有最卑鄙的人。最优秀的人为了党的理想与目的而参加党，最卑鄙的人为了党是升官的踏脚石而加入我们这一边。假如我们不能清除这些寄生虫，国民党又有什么用处呢？"①

孙中山认为，国共合作"将会加强和恢复它的血液的流动"，"这是保证中国人民的革命斗争取得胜利的唯一道路"。②宋庆龄懂得孙中山的用心，所以凡国民党右派来找她，企图从她那得到支持的，都遭到了她的断然拒绝。她回忆说：

在这种合作中，像在其他革命工作中一样，每当孙中山要向前跨一步的时候，就有许多人企图把

---

① 宋庆龄：《儒教与现代中国》，载《宋庆龄选集》（上卷），人民出版社1992年版，第178页。
② 宋庆龄：《孙中山和他同中国共产党的合作》，载《宋庆龄选集》（下卷），人民出版社1992年版，第390页。

他拉回来。一听到宣布他决定实现这种统一战线,有些人就来找我,以为我会帮助他们反对这一行动。当我拒绝这样做、孙中山坚决做下去的时候,这些人就退党,并且公开攻击他。可是孙中山是吓不倒的。他曾多次宣称,除非国民党有一个真正革命的纲领,否则他就要同这批人分手,并解散国民党。他宣布他将组织一个新党,或者本人加入共产党。①

国民党一大期间,列宁领导的苏维埃政府发来热烈的贺电。孙中山立即复电表示谢意,并致以兄弟的敬礼。

25日,当大会正在紧张进行时,传来了列宁于21日不幸逝世的消息。孙中山在鲍罗廷陪同下当即中断会议,向代表沉痛宣布了这个噩耗,率领全体代表起立默哀。孙中山即席发表悼念列宁的演说。他说:"俄国革命……其奇功伟绩,真是世界革命史上前所未有,其所以能至此的缘故,实由其首领列宁先生个人之奋斗及条理与组织之完善。故其为人……是一个革命中之圣人,是一个革命中最好的模范。"宋庆龄当时虽然在上海,但她密切关注了大会的情况。宋庆龄后来说,她永远不会忘记孙中山作为誓言说的这番话。她还指出:这个演说成了孙中山的政治纲领,孙中山相信,他走列宁的路,一定会得到中国人民的欢迎。

---

① 宋庆龄:《孙中山和他同中国共产党的合作》,载《宋庆龄选集》(下卷),人民出版社1992年版,第394页。

支持孙中山建立和发展革命武装力量

1923年5月4日，宋庆龄抵达广州的第三天，即赴各伤兵医院慰问伤员。6日，又到石围塘滇军临时病院、河口大本营野战医院慰问和犒劳伤兵。8日，陪同孙中山慰劳前敌将士。同年8月，广东东江一带大风酿成水灾，兵民颇苦。8月7日，宋庆龄跟何香凝等冒着炎热乘专车前往灾区，携带饼干、番薯干等数万斤慰劳士兵，赈济灾民，稳定了军心和民心。

为了彻底消灭盘踞在惠州老巢的陈炯明叛军，孙中山命令航空局装配、购置了十余架军用水陆飞机。1923年8月9日下午4时，阳光灿烂，万里无云，广州大沙头机场簇拥着几百名观众，在兴致勃勃地参观这批飞机试航。宋庆龄宣布试飞开始后，驾驶员分乘各机次第飞行，表演了翻跟斗、螺旋转下等飞行绝技。还有一名外籍工程师夏利比，表演了在机翼上行走和翻身倒垂于机翼下等惊险动作，令观众叹为观止。其中一号为自制飞机。这架飞机的仪表、钢管、马达等部件是大元帅府航空局长杨仙逸从美国带回的，同时也采用了国产零件，机架是用东北白松木制成，发动机有90匹马力，机舱有两个座位，没有舱盖。试飞的飞行员叫黄光锐。当时，外国的航空事业尚处于初创阶段，我国的航空事业更为落后。由于设备简陋，飞机失事时有发生，乘机飞行要冒很大的风险。1911年4月，广东籍华侨飞机师冯如在广州郊区的一次试飞中坠机身亡。1912年3月，朱卓文在南京试飞时也曾发生事故。这次用自己装配的飞机再次试飞,显然有着更大的风险。黄光锐坐定之后,一号飞机马达轰鸣,飞机冲出跑道腾空而起,在蓝天碧海之间盘旋数圈。当飞机平稳着陆后,机场上爆发出了阵阵欢呼声。文武官员们涌上前去,向驾驶员黄光锐表示祝贺。

孙中山历来重视发展航空事业。早在辛亥革命前夕,孙中山就预料到飞机将成为战争中的重要武器,叮嘱旅美青年同志学习航空飞行技术和飞机制造。1914年,孙中山在日本创办了一所航空学校,培养了二十余名学生。1920年,孙中山下令成立了航空局,并派飞机执行侦察轰炸及通信运输等项任务。宋庆龄以实际行动支持孙中山"航空救国"的主张和发展革命武装力量的新方针,参加了飞机试航仪式,并在试飞后坐在一号飞机舱内摄影留念。孙中山亲自命名这架飞机为洛士文号,以为纪念。"洛士文"是宋庆龄的英文名Rosamonde的旧译。这张照片对许多中国青年女性产生了极大的激励作用,也为孙中山"航空救国"的口号添了一段佳话。

1923年，宋庆龄在"洛士文"号飞机机舱里留影。

*
1923年8月14日，孙中山、宋庆龄在永丰舰与官兵合影，纪念广州蒙难一周年。

1923年8月14日上午10时半，宋庆龄陪同孙中山亲临永丰舰慰问，并纪念羊城蒙难一周年。一年前，孙中山和宋庆龄相继脱险后就是在这条军舰上重逢的。孙中山赞许了该舰官兵多次经历艰难仍坚持正义的精神，并在舰上摄影留念。

10月12日，宋庆龄陪孙中山视察了广州飞机制造厂。10月21日，宋庆龄还陪同孙中山乘坐江固号炮舰亲莅虎门要塞。他们视察了威远炮台、虎门墟、虎门塞、沙角炮台，以及蕉门、大虎、小虎、蒲州等要隘，直至23日半夜始返广州。在1840—1842年的鸦片战争中，中国军民曾在这里对英国入侵者进行了英勇抵抗。此时的孙中山正从保卫革命的新视角注意国防事业的发展，因为只有革命成功才能使国家摆脱屈辱的处境。宋庆龄经常陪同孙中山出席军事检阅活动，表明她对于建立一支革命军队重要性的认识同孙中山是完全一致的。

1924年6月16日，孙中山主持了中国国民党陆军军官学校（黄埔军校）的开学典礼。这所学校是在苏联帮助下建立的，它的任务是为革命军培养军官。这些军官要有献身于革命事业的精神，并熟习现代战争技术。学校坐落在距广州约四十里的黄埔岛，四面环水，南连虎门要塞，是广州的第二门户。清晨6时，宋庆龄陪同孙中山乘江固号军舰从大本营出发，于7时40分抵达军校参加盛典，给予师生很大的鼓舞。校长蒋介石、党代表廖仲恺率该校师生五百余人在校前码头排队奉迎。孙中山和宋庆龄了解了学校的教学计划，巡视了学校讲堂及寝室。9时20分，宋庆龄

*

1923年10月21日,宋庆龄于虎门炮台留影。

陪同孙中山登上主席台。孙中山以《革命军的基础在高深的学问》为题，在学校礼堂发表长篇讲演。孙中山说研究各国革命历史，尤其是最近俄国革命史，得到一个大教训：

> 俄国发生革命的时候，虽然是一般革命党员做先锋，去同俄皇奋斗，但是革命一经成功，便马上组织革命军；后来因为有了革命军做革命党的后援，继续去奋斗，所以就是遇到了许多大障碍，还是能够在短时间之内大告成功。……我们今天要开这个学校，是有什么希望呢？就是要从今天起，把革命的事业重新来创造，要用这个学校内的学生做根本，成立革命军。诸位学生就是将来革命军的好骨干。有了这种好骨干，成了革命军，我们的革命事业便可以成功。

孙中山讲演毕，学生齐集操场行开学式。据当时参加开学典礼的季方回忆说，"庆龄同志当时很年轻，态度慈祥，仪表端庄，令人肃然起敬"，"大家都知道她不仅是中山先生的爱侣，而且担负着机要秘书工作，为中山先生整理文件、函件，提供资料，一方面深受中山先生革命精神的影响，另方面又帮助中山先生革命思想的发展，对改组国民党制订三大政策，实行革命的三民主义，都起到了积极的辅助作用，是一位得力的助手"。

下午3时，宋庆龄又陪同孙中山出席了在大操场举行的阅兵式。这一天，宋庆龄还陪孙中山顺道至长洲要

*
1924年6月16日,孙中山、蒋介石、廖仲恺、宋庆龄在黄埔军校开学典礼上。

第十一章　一位得力的助手

塞检阅了军队。由于中国共产党派周恩来、恽代英、叶剑英、聂荣臻、肖楚女等许多重要干部先后在军校担任政治教育工作，军校许多学生是共产党员和共青团员，又聘请了苏联顾问，学习了红军经验，初期的黄埔军校成为当时建立革命武装的基础。

同年8月4日，宋庆龄再次陪同孙中山赴黄埔军校，参加该校为已故俄国顾问巴霍罗夫将军及该校先后病故的两名学生召开的追悼大会。孙中山书写了挽联"急邻之难"和"遗恨如何"。9月21日晨，孙中山偕宋庆龄及鲍罗廷夫妇等巡视军务。上午，他们赴芙蓉山，登高逾岭，巡视了各山要隘；下午至东河坝农工团军驻所。孙中山就三民主义及北伐目的进行讲演，极大地鼓舞了士气。

关心和发展工、农、学生等阶层的群众运动

宋庆龄对孙中山的巨大支持，还包括促使孙中山改变单纯依靠少数"先觉之士"的态度，关心和发展工、农、学生等阶层的群众运动。

1923年8月15日下午2时，全国学生总会第五次评议会在广州高师礼堂开幕。宋庆龄陪同孙中山莅会。代表及来宾共五百余人。孙中山发表了一个多小时的演说，指出学生要以国事为己任，出而担任国家大事，这是中国前途的希望所在。会后，孙中山、宋庆龄与莅会者合影留念。

为了动员更多的知识分子参与到新的革命高潮中

*

1923年12月21日，宋庆龄陪同孙中山前往岭南大学讲演。

来，同年12月21日，孙中山在宋庆龄的陪同下，莅临岭南大学（今中山大学），在怀士堂（今中山大学小礼堂）作了题为《学生要立志做大事，不要做大官》的演说。岭南大学的学生许多来自富裕家庭，但当孙中山勉励他们立志"做大事、不可要做大官"，"把中华民国重新建设起来，让将来民国文明和各国并驾齐驱"时，全场报以热烈欢呼。学生们看到站在革命领袖孙中山身边的是他年轻貌美又富有奉献精神的妻子，因而对宋庆龄的年龄、社会背景等产生了浓厚兴趣，进而产生了一种新的观念。那就是，受过高等教育的青年的理想应该同正在祖国进行的革命相结合。演说毕，孙中山、宋庆龄在岭南大学校园内合影留念。这幅历史照片，至今仍珍藏于中山大学孙中山纪念馆内。

1924年7月28日，广东省第一次农民大会在广东大学礼堂召开，当时称为"农民联欢大会"。与会者共两千余人。彭湃任主席。宋庆龄陪同孙中山莅会。她看到许多衣衫褴褛的农民，带着箩筐和扁担，赤着脚从广东各县徒步到广州开会，深深地感动。她第一次看见必然成为中国新力量的中国人民来参加革命。孙中山在会上致贺词：

> 今日开这个农民联欢大会，这是革命党和农民的第一次见面。我们大家见面之后，要做些什么事呢？就是从今日起，要实行民生主义。……什么是民生主义呢？民生主义，就是要人人有平等的地位去谋生活；人人有了平等的地位去谋生活，然后中

国四万万人才可以享幸福。所以今日的这个大会,要大家合力来实行民生主义,就是要大家合力来谋幸福。……农民的(总)数在人民里头占有百分之八九十,是占极大多数。就是一百个人里头,就有八九十个人是农民。中国几千年来立国,大多数的人都是农民。现在的农民是怎么样呢?一般农民所处的境遇,都是最艰难和最痛苦的,没有幸福之可言。如果现在还没有觉悟,还不与政府联络来实行民生主义,就永远没有幸福。……现在政府帮助农民,提倡农民结团体,农民如果利用政府的帮助去实行结团体,就可以恢复自己的地位,谋自己的幸福。……今日这个农民联欢会,在中国是破天荒的第一件事。我们做这个第一件事,很要得一个很好的结果;要得一个很好的结果,就要大家去奋斗。大家能够奋斗,就可以成大功![1]

彭湃在会上宣布成立市郊农民协会,并选举了农民协会的临时职员,国民党代表授农民协会会旗。广州人力车工合作社同人演奏了潮州丝竹,农民讲习所的学生演出了话剧,会场洋溢着一派节日气氛。回到家后,孙中山兴奋地对宋庆龄说:"这是革命成功的起点。"[2]

---

[1] 《在广州农民联欢会的演说》,载《孙中山选集》,人民出版社1956年版,第929—934页。
[2] 《为抗议违反孙中山的革命原则和政策的声明》,载《宋庆龄选集》(上卷),人民出版社1992年版,第47页。

你,一位青年革命女战士的形象,
从那时就深深印入我的脑际,
至今仍然清晰如初。

——

邓颖超

第十二章

伉俪联袂北上，谋求和平统一

"中国要和平统一，统一是中国全体国民的希望。""能够统一，全国人民便享福，不能统一便要受害。"这是孙中山1924年底向全国人民发出的呼吁。为了实现这一崇高的政治理想，孙中山毅然北上。这是孙中山逝世前的最后一次出巡。

孙中山北上的背景，是由于中国国民党第一次全国代表大会的召开，革命统一战线的建立，北方的反帝反军阀运动进入了新的高潮。直系军阀吴佩孚麾下的冯玉祥所部开始倾向革命。1924年4月，有报告称北京的军人赞成国民革命的很多，不久就要发动政变，希望孙中山放弃广东，到天津去等候时局变化。考虑到北方军阀力量强大，孙中山表示待政变发生后方可北上。9月，皖系军阀卢永祥和直系军阀齐燮元之间的苏浙战争爆发，北方的同志催促更急，主张孙中山一定放弃广东，赶赴天津。当时孙中山正出驻韶关，督师北伐，段祺瑞派许世英为代表南下，欢迎孙中山北上共商国是。10月，正当直奉战争激烈进行时，冯玉祥率部从前线倒戈回北京发动政变，囚禁了贿选总统曹锟，并和奉军妥协，合力击溃了直军。为了了解北京的真实情况，促进中国的和平统一，孙中山决定抱病北上。除宋庆龄外，随行人员还有汪精卫、邵元冲、黄昌谷、陈友仁、韦玉、朱和中、李烈钧、喻毓西、邓彦华、赵超、黄惠龙、马湘、吴雅觉、马超俊、吴一飞、罗宗孟、陈剑如、张乃荣等十余人。

1924年11月12日下午6时，广东省内军政各机关各团体各学校及民众在广州第一公园举行欢送大元帅北上提灯会，参加民众约两万人。旗帜、灯笼上写着"欢送大元帅北上""三民主义所向无敌"的字样。孙中山和宋庆龄以欣喜的心情在财政厅楼上观看了这一盛况。

13日上午9时35分，在宋庆龄等的陪同下，孙中山从大本营乘电船登永丰舰。此时军乐大作，鞭炮齐鸣。10时，永丰舰鸣炮三响，拔锚启行。广州军民在东堤河岸和天字码头一带热烈欢送。江固舰及其他三十余艘舰艇尾随永丰舰，为其送行。永丰舰于当晚12时抵达香港。沿途水月相映，景色宜人。孙中山和宋庆龄不时登上甲板散步，观赏海上美景，毫无倦容。14日中午12时，孙中山一行换乘日本邮轮"春洋丸"赴沪。

17日晨，船抵吴淞口。有一位日本记者上船报告说，前一天的英国《字林西报》刊登了一篇短文，认为孙中山有广州大本营大元帅的政治身份，不宜在属于商务性质的上海租界居住，上海不需要孙中山，应阻止他上岸。英国的《大陆报》更叫嚣"驱逐孙中山出上海"，"绝不要理睬孙中山所提出的废除不平等条约的要求"。孙中山正色对那位日本记者说："上海是我们中国的领土，我是这个领土的主人，他们都是客人。主人行使职权，在这个领土之内，想要怎么样便可以怎么样。我登岸之后，住在租界之内，只要不犯租界中的普通条例，无论什么政治运动我都可以做。"①

孙中山与宋庆龄在上海登岸后，受到了于右任、戴

---

① 孙中山：《在上海新闻记者招待会的演说》，载《孙中山选集》，人民出版社1956年版，第962页。

季陶、宋子文等人的欢迎。段祺瑞、冯玉祥、齐燮元也派代表在码头迎候。孙中山夫妇向码头欢迎群众颔首致谢，然后乘汽车径往法租界莫利哀路29号寓所。事后，上海法租界捕房竟逮捕了群众欢迎队伍的四名指挥者。19日，孙中山在寓所举行茶话会，招待上海新闻记者。孙中山表示，他这次准备"单骑到北京"，就是要以极诚恳的态度，去为全国人民谋和平统一。为达到这一目的，孙中山提出了两点：一、以现有的团体为基础，派出代表参加国民会议，公开解决全国大事；二、废除中外一切不平等条约，收回海关租界和领事裁判权。第一点，是为了打倒军阀；第二点，是为了打倒援助军阀的帝国主义。他认为，"中国现在祸乱的根本，就是在军阀和那些援助军阀的帝国主义者"，"打倒了这两个东西，中国才可以和平统一"。孙中山意识到，由于他的主张跟帝国主义、封建军阀的利益相冲突，他只身去北方是很危险的，但为救全国同胞，为求得和平统一，他甘愿去冒这种危险。同时，他也要求全国人民做他的后盾。

　　孙中山原本打算由上海乘船前往天津，但由于半个月内都没有船票，从上海到天津的火车又不通，只好决定绕道日本。

　　日本是孙中山的旧游之地，故旧很多，孙中山想借这个机会在日本宣传他对于时局的主张。11月22日，孙中山一行乘"上海丸"从上海启程，23日抵达日本长崎。因为船未泊码头，孙中山没有上岸，但在船中接见了记者和中国留学生的代表，作了一个多小时的谈话。记者问："外国宣传广东政府同俄国亲善，将来中国制度

1924年11月，孙中山和宋庆龄抵达上海后，受到各界欢迎。

有改变没有呢？"孙中山回答说："中国革命的目的和俄国相同，俄国革命的目的也是和中国相同。中国同俄国革命都是走一条路。所以中国同俄国不只是亲善，照革命的关系，实在是一家。"①孙中山对中国留学生代表讲话的题目是《学生须赞成国民会议》。他指出：召开国民会议，对内就是解决全国的民生问题，对外就是打破列强的侵略。国民会议开得成，中国便可和平统一。国民会议开不成，中国便要大乱不已。

"上海丸"于23日晚7时半离开长崎港，24日下午

---

① 孙中山：《与长崎新闻记者的谈话》，载《孙中山选集》，人民出版社1981年版，第969页。

2时抵达神户。码头上鼓乐喧天,前来欢迎的中日两国人士多达四五百人。从日本各地赶来的华侨代表和留学生手执五色旗,高举"欢迎孙总理""东亚民族联合起来"的大幅标语,向身穿黑缎长袍马褂的孙中山纵情欢呼。日方前来欢迎的有高见之通、宫崎龙介、萱野长知、山田纯三郎等朝野人士。孙中山先在船上接见了欢迎者中的重要人士,并回答了日本新闻记者提出的问题。孙中山深刻指出:中国长期不能统一,并不完全是中国人自己造成的,很大程度上是由外国人的干涉造成的。外国人在中国不只是利用不平等条约,并且滥用那些不平等条约。废除不平等条约,似乎损失了外国眼前的小权利,但如果能在平等互利的基础上跟中国合作,那双方所能获得的利益将超过目前的几百倍和几千倍。谈话毕,孙中山微笑着走下甲板,向欢迎者行注目礼,而后乘车至东方饭店69号房间下榻。

25日上午,孙中山在东方饭店对东京、大阪、神户的国民党员发表讲演,题为《中国内乱之因》。孙中山介绍了国内形势,特别介绍了平定商团叛乱的经过。孙中山指出:辛亥革命胜利后的13年以来,中国徒有民国之名,没有民国之实。他沉痛地说,中国现在不只是全殖民地,而是比全殖民地的地位还要低一级的"次殖民地"。因为殖民地的人民只做一国的奴隶,而中国人民现在要做十几国的奴隶,没有一点儿权利。中国要想真正和平统一,必须使军阀绝种。要军阀绝种,便要打破串通军阀来作恶的帝国主义。要打破帝国主义,必须废除中外一切不平等条约。孙中山在讲演中,对当时北京的形势流露出过分的乐观,同时对合法斗争的作用也作了过高的估计。当天下午,日本友人头山满前来拜访孙中山,两人畅谈,言犹未尽,头山满便留在东方饭店住了一夜。

据东方饭店的服务员说,孙中山和宋庆龄为了表示对日本习俗的喜爱,一日三餐都吃和食;孙中山夫妇的日语都很流利,但比较起来,宋庆龄说得更好一些。26、27日两天,孙中山和宋庆龄在下榻处密集接待了来访的日本知名人士。

28日下午1时许,孙中山夫妇驱车离开东方饭店,前往神户高等女子学校,受到校长以及全校教职员的欢迎。在筱原辰次郎校长的陪同下,孙中山夫妇走进了挤满了女学生的礼堂,首先为在场的女学生讲演。孙中山在讲话中说:"我希望在将来,地处亚洲的中日两国将为确保东洋而充分携手合作。我希望得到日本全体国民各位的援助。"接着,宋庆龄用自然流畅的英语面对近千名女学生发表了关于妇女解放问题的演说。在演说中,她引用法国傅立叶的名言"妇女地位是一个民族发展的尺度"作为开场,进而指出:

> 当今世界上,只有意识到这点的民族,才能成其为伟大的民族。我高兴地发现,日本妇女积极关心与其日常生活有关的事情,以及有关国家的公共福利事业。中国妇女正同你们并肩战斗,去推倒歧视妇女的古老围墙——反对妇女参与公共事务。

接着,她强调:

我们妇女对正义的要求,并不限于在某些欧美国家,这种要求正成为强大的世界运动。印度、土耳其、埃及和波斯的妇女也开始起来维护她们的权利。今天,在库尔特斯坦山区的广阔版图上,有一位妇女当了总统;在土耳其,妇女当上了教育部部长。妇女无意于那类政治荣誉,但必须参与妇女界的社会的、公民的以及工业的福利活动,必须争取与妇女和儿童切身利益有关的事情的发言权。

然后,她提出了妇女运动的目标:

东方和西方的妇女,为改造世界而联合起来!联合起来要求普遍裁军,废除歧视政策,废除不平等条约。

最后,她从女性的角度呼吁:

中国和日本的妇女,争取实现那个人类不为动物本能所支配,而由理性所指导的日子。①

宋庆龄发自肺腑的热情语言使全场学生为之感动。

---

① 宋庆龄:《在神户高等女子学校的演讲》,载《宋庆龄选集》(上卷),人民出版社1992年版,第22—23页。

当时日本各大报纸对宋庆龄的演说均有报道。在日本很有影响的《大阪每日新闻》认为：这是"世界妇女日益觉醒的有力证明"。

这篇论述现代妇女解放问题的演说，与宋庆龄1913年发表在《威斯里安》院刊上的《现代中国妇女》一文相比，可以看到宋庆龄关注的视野扩大了，而她在这篇演说中的许多重要论断被以后世界妇女运动所证实。

这也是宋庆龄有生以来第一次在群众面前公开发表政治演说，对于宋庆龄漫长的革命道路来说，具有里程碑的意义。此前，孙中山发表演说时，她总是在他身旁静静地听着。据说宋庆龄每次公开露面之后，由于腼腆和缺乏经验，"她常因感情激动而精疲力尽，不得不休息几天以恢复体力"。① 这次成功的演说，表明宋庆龄在与孙中山共同工作和学习中，经过十年的锻炼，已经克服了生性腼腆的弱点，具备了政治家的风度，能够独立工作、独立战斗了。

为女学生演讲毕，孙中山又应神户商业会议所、日华实业协会等五团体之请，公开发表题为《大亚洲主义》的讲演。在正式开讲前，狂热的听众就挤破了神户高等女校正门的铁栅栏，一时出现了骚乱景象。为了报答听众的盛情，孙中山临时决定在风雨操场为不能进入礼堂的一千余人作简短的讲演。在热烈的掌声中，孙中山说，研究大亚洲主义的问题，实质上就是研究亚洲被

---

① [美] 罗比·尤恩森：《宋氏三姐妹》，世界知识出版社1984年版，第63页。

*
1924年11月28日,宋庆龄在日本神户高等女子学校发表演说。

压迫民族抵抗西方帝国主义侵略的问题，就是"要为被压迫民族来打抱不平"。孙中山在讲演中特别赞扬十月革命之后的苏俄"不愿讲功利强权"，"极力主持公道"，"不赞成用少数压迫多数"，"要来和东方携手"，因而打破了西方列强的霸道。孙中山还含蓄地提醒日本国民，要做"东方王道的干城"，不做"西方霸道的鹰犬"。不过，孙中山当时不能用阶级分析的观点审视民族斗争和民族文化的问题，甚至误认为日俄战争中日本的胜利是"亚洲民族独立的大希望"。这次讲演持续了一个半小时。孙中山讲毕，会场中又回荡起暴风雨般的掌声和"万岁"声。离开神户高等女子学校之前，孙中山还为该校题写了"天下为公"四个大字。这个题字被作为重要文物裱糊，至今仍悬挂在学校的纪念堂里。神户华侨又把题字刻成石碑，竖立在孙先生曾经到过的舞子移情阁。

28日晚6时，中国驻长崎领事馆、神户商业会议所、日华实业协会、大阪神户华侨联合会又在东方饭店为孙中山举行了欢迎会。日本各界人士一百五十余人莅会。孙中山一行穿着清一色的长袍马褂，只有宋庆龄身着华丽的旗袍。草鹿甲子太郎先生和柯鸿烈领事代表日中两国致欢迎词，平冢知事首先举杯祝孙中山身体健康。孙中山致答词，题为《日本应助中国废除不平等条约》。他说，中国革命13年，至今没有成功，就是因为还有国外的障碍没有打破。障碍便是中国从前和外国所立的不平等条约。"那种不平等条约究竟是一件什么东西呢？老实说就是从前中国政府把我们国民押给外国人时所写的一些卖身契。现在拿到这种卖身契的还有十几国。就是我们还有十几个主人。我们现在是做十几国的奴隶。""若是日本真有诚意来和中国亲善,便先要帮助中国废除不平等条约,争回主人的地位,让中国人有自由身份,这才可以同日本来亲善。"孙中山讲毕,宾主自由交谈。宴会至晚9时才散。

孙中山在6天发表5次公开演讲之后,终于极为难得地休憩了一天,于11月30日上午9时由神户启程,乘"北岭丸"向天津进发。

12月1日,"北岭丸"抵达门司。又有记者上船采访。记者问:"近来我们得到北京许多电报,听说有许多人要选先生做大总统。如能成为事实,先生是什么态度?"孙中山明确回答:"我的态度,是决计推辞。中国一日没有完全独立,我便一日不情愿做总统。"在船上,孙中山还碰到一位在西伯利亚当过武官的日本朋友。孙中山怀着极大的兴趣向他了解十月革命后俄国的情况,特别是探询苏俄实行新经济政策取得的成果和存在的问题。12月2日、3日,船过黑水洋,遇到大风浪。随行人员发现孙中山的脸色不大好,关切地问:"先生觉得舒服吗?不晕船吗?"孙中山为了使大家安心,振作起精神回答说:"我觉得很舒服呀。"

12月4日晨,"北岭丸"抵达大沽口,正午,船泊法租界利昌码头。前往码头欢迎的民众不下两万人。人们手持旗帜,高呼口号,盛况空前。对于当时的情景,邓颖超在《向宋庆龄同志致崇高的敬礼!》一文中作过生动的描述:

记得1924年冬，你（指宋庆龄）和孙中山先生北上路过天津。你们出现在轮船的甲板上，同欢迎的群众见面。我在欢迎行列中，看到为推翻清朝帝制，为中国独立、自由、民主而奋斗不息的伟大的革命先行者——孙中山先生，坚定沉着，虽显得年迈，面带病容，仍然热情地向欢迎的人群挥帽致意，同时看到亭亭玉立在孙先生右侧的你。你那样年轻、美貌、端庄、安详而又有明确的革命信念。你，一位青年革命女战士的形象，从那时就深深印入我的脑际，至今仍然清晰如初。

孙中山与宋庆龄登岸后，乘马车至日租界张园行馆。风尘仆仆的孙中山未及休息，即接见各方代表。下午3时许，孙中山往曹家花园对张作霖进行礼节性拜访。在座者有张学良、杨宇霆、吴光新、叶恭绰等。孙中山曾公开表示："奉军的领袖张作霖向来是同我一致。"但这次双方却话不投机。张作霖粗声恶气地说："孙先生！我系粗人，今坦白言之，我是捧人的。我今天能捧姓段的（指段祺瑞），就可以捧姓孙的。我只反对共产，如共产实行，虽流血所不辞。"孙中山发现他跟张作霖在联俄容共的问题上存在如此深刻的分歧，心中感到不快，再加上旅途劳顿，风寒屡侵，返张园行馆后即寒热遽作，相继引发肝病和胃病。经过十多天的调养，孙中山的感冒已愈，肝病似觉缓和。

*

1924年12月4日,孙中山、宋庆龄由神户抵达天津时在船上合影。

12月18日，北京政府派两名代表前来敦请孙中山从速进京。孙中山听说段祺瑞出任临时总执政后，发表了"外崇国信"的卖国声明，便声色俱厉地对那两个代表说："我一路上都在呼吁废除那些不平等条约，你们在北京偏偏要宣布尊重那些不平等条约，这是什么道理呢？你们要升官发财，怕那些外国人，要尊重他们，为什么还要来欢迎我呢？"孙中山受了这一刺激之后，肝病复发，脉搏每分钟120次以上。为了及时得到治疗，孙中山同意于12月底进北京。

余因尽瘁国事,不治家产。
其所遗之书籍、衣物、住宅等,
一切均付吾妻宋庆龄,以为纪念。

——

孙中山

第十三章

哲人萎谢,劳燕分飞

1924年12月31日，北京城洋溢着一派节日气氛。因为第二天就是元旦，又正值孙中山由津扶病入京，列队欢迎的北京各界群众有三万余人，队伍由前门车站一直排到前门楼的城门侧。群众高举的横幅上写着"首倡三民主义""开创民国元勋"等字样。学界散发了147种、256万张传单。"孙中山先生万岁"的口号声此起彼伏。

面容憔悴的孙中山躺在专列的车厢里。他头下枕着书，手中拿着书，但已经无力接见狂热欢迎他的群众了。当北京政府及各团体各推出代表一人进站之后，孙中山只能向他们略一颔首，表达自己无尽的谢意。他当场散发了一份传单——《入京宣言》，以此阐明这次入京的目的：

> 文此次来京，曾有宣言，非争地位特权，乃为救国。十三年前，余负推倒满洲政府使国民得享自由平等之责任。唯满洲虽倒，而国民之自由平等早被其售与各国。故吾人今日仍处帝国主义各国殖民地之地位，因而吾人救国之责尤不容缓。至救国之道多端，当向诸君缕述。唯今以抱恙，不得不稍候异日。

同日，又散发了用白话文撰写的《致中华民国主人诸君》的书面谈话，与《入京宣言》主旨相同。这两份文件，是孙中山一生最后公开发表的文献。

孙中山入京后，首先下榻于北京饭店，其随行人员寓居段祺瑞所预备的行馆，即铁狮子胡同5号前外交部部长顾维钧宅。1月26日，孙中山病危，被送入当时亚洲设备最完全的新式医院——协和医院。宋庆龄劝孙中

*

1925年初,重病的孙中山和宋庆龄在北京合影。

山采纳医生建议,接受手术治疗。孙中山同意了。当天下午6时,由该院外科主任邰乐尔医生施行解剖手术,院长、孙中山的好友刘瑞恒协助。开刀后,肉眼可见孙中山的全肝已坚硬如木,断定其症为肝癌晚期,只得重新缝合。①2月6日开始,孙中山接受镭锭治疗,先后历四十余小时,至17日止,病情如故。

孙中山住院期间,宋庆龄日夜陪伴,从没正常休息过。18日中午,孙中山出协和医院,迁入铁狮子胡同行馆。宋庆龄偕护士随侍守护。寓行馆后改服中药,亦无效果。每逢友人、同志前来探视,孙中山常无限感慨。

令人欣慰的是,2月9日何香凝赶来襄助,使孙中山和宋庆龄在身体和精神上都得到莫大安慰。此前,远在广东的廖仲恺夫妇得知孙中山病重的消息时,都十分焦急。但孙中山电示:"广东不可一日无仲恺。"廖仲恺便与夫人何香凝商量说:"孙先生的病恐怕难治了,孙夫人很忙,我现在因党务、政事、军需又都不得脱身,第一次东征军事行动,都要我亲自料理,不如你到北京去帮忙一下吧。"②"孙夫人有事时也可以有个商量。"③

孙中山一行入京后,段祺瑞一方面反对孙中山关于召开善后会议要兼纳人民团体代表的政治主张,另一方面

---

① 根据协和医院《孙中山尸解档案》,最终认定孙中山并非死于肝病,而是胆囊腺癌晚期,广泛转移。
② 何香凝:《我的回忆》,载尚明轩等编:《双清文集》(下卷),人民出版社1985年版,第942页。
③ 廖梦醒:《我的母亲何香凝》,载《回忆与怀念——纪念革命老人何香凝逝世十周年》,北京出版社1982年版,第87页。

又大摆筵席,伴作盛情款待的姿态,以掩人耳目,并妄图软化国民党中的不坚定分子。为此,孙中山于1月13日指示汪精卫致函段祺瑞的代表许世英和梁鸿志表示谢意,并特意提出:"唯念国事艰难,库款拮据,受此厚贶,心甚不安。……并请自今日为始,所有行馆内一切膳食零用及汽车等项,概由敝处自备……行馆内供张各物,暂时借用。"这一函件,表现了孙中山不为利诱所动的崇高气节。

22日,孙中山病情转剧。为国事计,宋庆龄支持国民党人恳请孙中山预立遗嘱。下午3时,公推汪精卫、孙科、宋子文、孔祥熙四人进入病房,请孙中山留下遗嘱。孙中山默然,很久才张目说道:"我看你们是很危险的呵。我如果是死了,敌人是一定要来软化你们的。你们如果不被敌人软化,敌人一定是要加害于你们的。所以我还是不说为妙。"说罢,仍闭目沉思。汪精卫作了一番"过去从未被人软化过,今后也不会被人软化"的表白,恳请孙中山早赐训诲,以便今后有所遵循。最终,孙中山给国民党同志的遗嘱由孙中山口述,汪精卫笔录并修改。据何香凝的回忆,本来孙先生口述遗嘱中是"联合世界上被压迫民族,共同奋斗",汪精卫因知道许世英来说过不要得罪列强,就改写为"联合世界上以平等待我之民族,共同奋斗"。①《国事遗嘱》全文如下:

---

① 何香凝:《我的回忆》,载尚明轩等编:《双清文集》(下卷),人民出版社1985年版,第943页。又于树德在《中山先生遗嘱的起草经过》一文中称,孙中山遗嘱是由汪精卫预先起草好,并经移京的国民党中央政治委员会讨论通过。

余致力国民革命，凡四十年，其目的在求中国之自由平等。积四十年之经验，深知欲达到此目的，必须唤起民众，及联合世界上以平等待我之民族，共同奋斗。

　　现在革命尚未成功。凡我同志，务须依照余所著《建国方略》《建国大纲》《三民主义》及《第一次全国代表大会宣言》，继续努力，以求贯彻。最近主张召开国民会议及废除不平等条约，尤须于最短期间，促其实现。是所至嘱！

《家事遗嘱》亦由汪精卫笔记。在革命生涯中，孙中山经手的钱财有数百万之多，但他逝世时却是个穷人。所以，他在《家事遗嘱》中说：

　　余因尽瘁国事，不治家产。其所遗之书籍、衣物、住宅等，一切均付吾妻宋庆龄，以为纪念。余之儿女已长成，能自立，望各自爱，以继余志。此嘱！①

还有一封《致苏联遗书》，由孙中山用英文说出，鲍罗廷、陈友仁、宋子文、孙科笔记。全文如下：

---

① 孙中山留给宋庆龄的全部遗产，只有两千多册书，一所有五间房的住宅，以及一些衣物、日用品。上海孙中山故居为华侨捐赠，先后典当过三次。

*

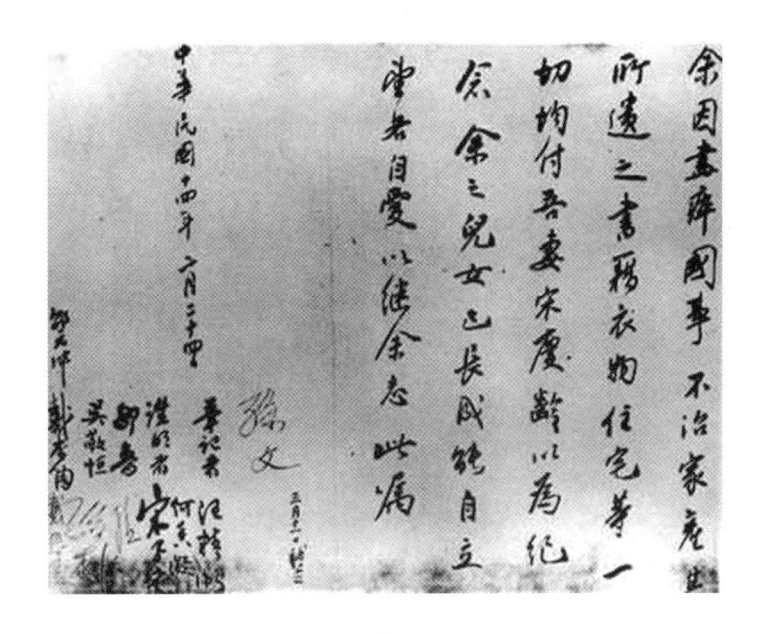

孙中山《家事遗嘱》

苏维埃社会主义共和国大联合中央执行委员会亲爱的同志：

我在此身患不治之症。我的心念，此时转向于你们，转向于我党及我国的将来。你们是自由的共和国大联合之首领，此自由的共和国大联合，是不朽的列宁遗（产）与被压迫民族的世界之真遗产。帝国主义下的难民，将藉此以保卫其自由，从以古代奴役战争偏私为基础之国际制度中谋解放。我遗下的是国民党，我希望国民党在完成其由帝国主义制度解放中国及其他被侵略国之历史的工作中，与你们合力共作。命运使我必须放下我未竟之业，移交与（于）彼谨守国民党主义与教训而组织我真正同志之人。故我已嘱咐国民党进行民族革命运动之工作，俾中国可免帝国主义加诸中国的半殖民地状况之羁缚。为达到此项目的起见，我已命国民党长此继续与你们提携。我深信你们政府亦必继续前此予我国之援助。亲爱的同志，当此与你们诀别之际，我愿表示我热烈的希望，希望不久即将破晓，斯时苏联以良友及盟国而欣迎强盛独立之中国，两国在争世界被压迫民族自由之大战中，携手并进以取得胜利。谨以兄弟之谊祝你们平安！

孙逸仙（签字）

可见，孙中山至死也相信，列宁缔造的第一个社会主义国家真诚希望看到中国独立，建立一个民有、民治、民享的政府。

当汪精卫准备让孙中山签字时，传来了宋庆龄在隔壁房间悲怆的哭声。为了安慰宋庆龄以及周围一同伤心的人们，孙中山表示暂不签字。

3月11日凌晨，孙中山忽然神志清醒，召宋庆龄、孙科、汪精卫、邵元冲、黄昌谷、于右任、何香凝等环集病榻前，说："我这次放弃两广，直上北京，为谋和平统一。所主张统一方法是召开国民会议，实行三民主义和五权宪法，建设新国家。兹为痼疾所累，行将不起。生死常事，本不足念，唯数十年致力国民革命，所抱定之主义，未能完全实现，不无遗憾。甚望诸同志努力奋斗，使国民会议早日开成，达到实行三民主义和五权宪法之目的。我在九泉之下，死亦瞑目。"说着，泪夺眶而出。随后，孙中山又喊了两声"廖仲恺夫人……"，便咽哽舌僵，两眼直视屋顶，以手抓床沿。何香凝知道孙中山心中所念，遂掩泪携宋庆龄手一起走到孙中山床前，说："我虽然没有什么能力，但先生改组国民党的苦心我是知道的，此后我誓必拥护孙先生改组国民党的精神，孙先生的一切主张，我也誓必遵循。至于孙夫人，我也当然尽我的力量来爱护。"孙中山听到这番话，潸然握住何香凝的手说："廖仲恺夫人，我感谢你……"

11日晨8时，何香凝去孙中山病榻前问候，发现他眼睛已经散光，便赶紧出来告诉汪精卫，说现在不可不请先生签字了！汪精卫将遗嘱呈上。孙中山的女婿戴恩赛拿出自己的笔递给孙中山。[①]孙中山手力微弱，颤动得很厉害。宋庆龄含泪托起他的右手腕，在遗嘱上逐一签上"孙文"二字。随后，吴稚晖、戴季陶、邵元冲、宋子文、孔祥熙、孙科、戴恩赛、邹鲁、汪精卫、何香凝也在孙中山遗嘱后签了字以兹证明。这时，宋庆龄泪如雨下，大家也不禁哭起来。

是日中午，孙中山神志不清，偶发谵语。下午4时3刻，孙中山让侍卫李荣抱头，马湘捧足，将他全身放在地下。侍卫不敢遵命。宋庆龄听到孙中山的呼唤，连忙上前用英语询问。

---

① 这支笔一直由戴家保管，1984年由戴恩赛的女儿戴成功捐给中国宋庆龄基金会。

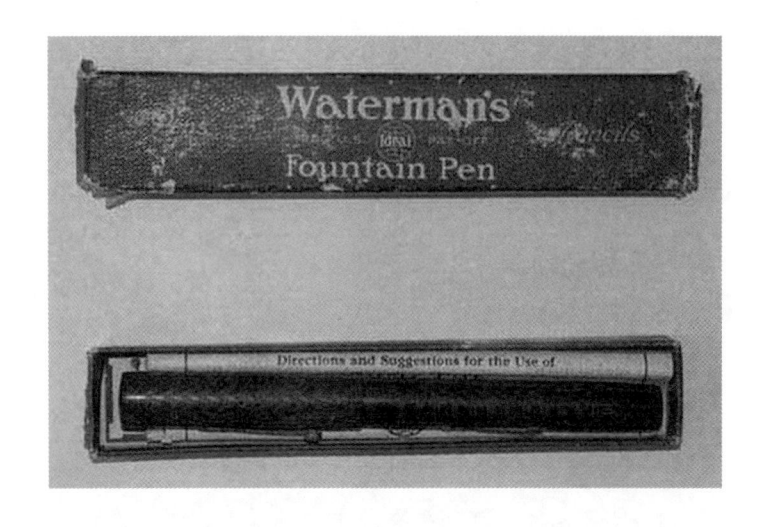

孙中山签署遗嘱的钢笔

"亲爱的，你要干什么？"孙中山说："我要在地上一睡。"宋庆龄说："地下冰冷，睡不得的。"孙中山说："我不怕冷，最好有冰更妙。"宋庆龄听到孙中山说胡话，侧面垂泪，悲怆不已。孙中山说："Darling[1]，你不要悲哀，我之所有即你之所有。"宋庆龄答道："我一切都不爱，爱的只有你而已。"言时哽咽，泪如雨下。[2]

---

[1] 英语"亲爱的"。孙中山和宋庆龄夫妻间一直这样相互称呼。
[2] 参见李荣：《总理病逝前后》，载尚明轩、王学庄、陈崧编：《孙中山生平事业追忆录》，人民出版社1986年版，第650页。

3月12日上午9时25分①,这位创立民国的一代伟人拼尽最后的力量在用英语、粤语和普通话呼喊着"和平……奋斗……救中国"的微弱声中与世长辞,终年59岁。时年32岁的宋庆龄,在悲痛欲绝中接过了孙中山革命的火炬。

伟人陨落,举国同悲。孙中山去世后,中国共产党发来唁电并发表《中国共产党为孙中山之死告中国民众书》,指出:"为中国民族自由而战的孙中山死了,自然是中国民族自由运动一大损失,然而这个运动是决不会随孙中山先生之死而停止的。"

孙中山去世当天,苏联驻华大使馆下半旗志哀。加拉罕大使亲至行馆致唁,苏联在中国的所有其他办事处也随即下半旗。苏联政府还在莫斯科为孙中山定做了一口带玻璃盖的漆成黄色的铜棺材。因为孙中山去世前曾叮嘱宋庆龄,要像他的朋友列宁那样用科学方法长久保存遗体,将来安置在临时政府成立之地——南京的紫金山麓。14日,苏联政府又给宋庆龄及孙中山其他家属拍来了慰问电:"苏俄政府愿向其极敬仰之孙逸仙博士之夫人及家属,表示极诚挚之慰唁。苏俄人民对于孙逸仙博士领导下之中国国民之英勇奋斗,恒其具极深之同情,且知中国国民因孙博士之死所受之重大损失。吾人希望夫人等之勇气,将因千万人与夫人等同具重忧而增加。"

第三国际执行委员会会长季诺维耶夫致中国国民党

---

① 这是根据孙中山逝世纪念碑上铭刻的时间,一般新闻报道为9时30分。

中央执行委员会唁电,哀悼孙中山逝世。唁电称,"孙逸仙逝世之耗,将使全世界工人心中皆充满重忧",指出"中国民族革命运动实有重大世界历史的意义",表示"第三国际谨守列宁之意志,从事教导全世界工人竭全力援助东方民族革命运动,而对于中国尤为注意",并"将尽力向各国劳动群众解释孙逸仙事业之重大意义,深信共产国际之各支部皆竭力援助将完成孙逸仙大业之国民党,并深信与国民党合作之中国共产党亦能完成当前之伟大历史的事业"。①

东京、伦敦、纽约、巴黎、旧金山以及东南亚各地,也召开了追悼孙中山大会或举行悼念活动。

19日,孙中山出殡。清晨,薄云蔽日,天色惨淡。出殡前,孔祥熙和孙科听了一些朋友的话,坚持在协和小教堂为他举行了追思礼拜,借以证明孙中山不是一个布尔什维克。

举行祈祷式时,礼堂正面用水仙、夹竹桃、木兰花堆成了花山,中悬孙中山遗像。宋庆龄头上蒙着丧纱,坐在靠近遗像的地方,显得虚弱和哀痛。乐队演奏了《求主与我同在》等乐曲。由燕京大学学生组成的唱诗班身穿白色法衣,手持大蜡烛,唱着孙中山生前喜爱的歌《甜蜜的和平,上帝博爱的礼物》。全体来宾在琴声伴奏下,合唱了《耶稣呵,你是我心灵的挚友》。

仪式毕,11时出殡。12万余人胸挂白花、臂缚黑纱

---

① 《向导》第107期,1925年3月21日。

参加送葬,从协和医院至中央公园(今中山公园)几无一片隙地。宋庆龄乘坐青玻璃马车,随柩后行。队伍中不时爆发出"国民革命万岁""打倒帝国主义""打倒军阀"的口号。12时15分,孙中山灵柩抵达中央公园。园内响起了32响礼炮声。公园的松柏树枝上挂满了挽联,道路两旁的花篮堆成了小山。

3月24日至4月1日,在中央公园内社稷坛大殿孙中山灵堂举行吊礼,发丧致祭。灵柩置于社稷坛正中,上悬孙中山遗像及"有志竟成"横匾,两旁悬挂"革命尚未成功;同志仍须努力"对联。三天中致哀人数达746800多人。各界赠送的挽联、哀词、祭文达6万余件。

4月2日,孙中山灵柩移入青山古树环绕的西山碧云寺大殿。由西直门步送到西山的不下两万人,其中大部分是学生、军人和工人。宋庆龄头障黑纱,身穿黑色夹袍,着黑鞋,乘坐一辆由两匹乌骓驾辕的黑色马车,跟随在孙中山的灵车之后。她"没有哭泣,没有流泪,而是更加坚强,显示出内在的毅力"[①],她"脸上流露出无限悲痛而又坚定沉毅的神色"[②],表现出一派刚强的巾帼丈夫的风范。她使人相信,"孙先生虽然死了,还有孙夫人在,还有忠实于中山遗教的革命党人在,中山先生的旗

---

① 邓颖超:《向宋庆龄同志致崇高的敬礼!》,载《人民日报》1981年5月29日。
② 王昆仑:《宋庆龄——毕生为新中国奋斗的忠诚战士》,载《人民日报》1981年6月3日。

1925年4月，宋庆龄在北京西山碧云寺孙中山灵堂守灵。

帜不会倒下,中国的革命不会中断"①。

追悼孙中山的活动,成了一场规模空前的政治宣传和示威。一副挽联写道:

> 五千年帝制流毒,赖先生树起五权宪法,三民主义,缔造新邦,双手转玄黄,创此空前事业;
> 四百兆民众涂炭,看今日仍知强邻群迫,军阀私争,内外交困,哲人顿萎谢,孰擎此后山河。

---

① 王昆仑:《宋庆龄——毕生为新中国奋斗的忠诚战士》,载《人民日报》1981年6月3日。

她从形体和性格上看来如此温柔，
但事实证明比国民政府中央委员会的任何成员
都更加刚强和坚韧。

——

安娜·路易斯·斯特朗

第十四章

志先生之志,行先生之行

孙中山溘然而逝给宋庆龄精神上的打击是异常沉重的。她说过，在那些悲痛的日子里，她简直不愿见阳光，白天在室内也要放下厚窗帘。然而，她意识到，她肩负的历史使命比她的个人生活重要得多，因此，她并没有从此萎靡不振，意志消沉。本来，宋庆龄若要利用孙中山的崇高声誉谋求她个人的地位，是一件轻而易举的事情，但是，她的崇高人格不能容忍她凭借伟人妻子的身份来牟取私利。《马太福音》中有一句话："你们要进窄门。因为引向灭亡，那门是宽的，路是大的，进去的人也多。引到永生，那门是窄的，路是小的，找到的人也少。"宋庆龄决心不走"宽门"走"窄门"。所谓"窄门"，就是顶住来自国民党内部和外部的重重压力，坚持孙中山的三民主义和联俄、联共、扶助农工的三大政策，"志先生之志，行先生之行"，完成这位革命先行者未竟的事业。美国女记者安娜·路易斯·斯特朗撰文介绍宋庆龄当时的情况，写道："宋庆龄是我所知道的世界上最娴静温雅的人物。……她献身于革命……现在，她又以他的遗孀之身，继续为实现他毕生的理想而献出自己的青春。虽然仪态谦和甚至显得柔弱，但她有刚强的气质。我看到她不顾家庭和社会的一切压力而坚定地走自己的路。……她对孙博士所期望的革命目标从不动摇。她遵守他的联共和组织工农的遗愿，……她从形体和性格上看来如此温柔，但事实证明比国民政府中央委员会的任何成员都更加刚强和坚韧。"[①]

---

① 李寿葆、施如璋主编：《斯特朗在中国》，生活·读书·新知三联书店1985年版，第15—16页。

这段话，是对宋庆龄这一时期革命业绩的中肯评价。

在孙中山逝世的最初日子里，宋庆龄主要忙于追悼治丧活动。1925年4月11日，宋庆龄亲赴南京紫金山勘察孙中山墓址。死后安葬在紫金山是孙中山的遗愿。1912年4月1日，孙中山在解除了第一任临时大总统的职务之后，曾带随员到南京东郊明孝陵（明太祖朱元璋陵墓）一带打猎，在今中山陵所在地休息时，见其地三峰并峙，蜿蜒如龙；山名紫金，又与他先祖居住的广东东江上游紫金县县名相同，故笑对随员说："待我他日辞世后，愿向国民乞一抔土，以安置躯壳。"弥留之际，孙中山还殷殷叮嘱将他安葬在紫金山。经勘察，择定南京紫金山南麓中茅山南坡为墓地。这里前临平川，后拥青峰，西邻明孝陵，东毗灵谷寺，南达钟汤路，面积六千余亩。

12日上午10时，宋庆龄偕母亲倪太夫人等出席了上海十万市民在西门外公共体育场隆重召开的追悼孙中山大会。何香凝在会上报告了孙中山的生平，并颂扬了宋庆龄的精神与劳绩，指出她在孙中山"病榻之旁，三月未离一步，衣不解带，食不知味"，特别强调"夫人之精神与劳苦，为吾辈所当敬爱。先生曾语夫人，盼同志继续努力革命。今先生死矣，夫人尚在，我辈当念先生之言，随夫人之后共同奋斗"。14日，上海闸北各团体召开追悼孙中山大会。宋庆龄委派叶纫芳为代表在会上致辞，勉励与会者"继续先生生前欲达之主义"，并表示她将"遵孙先生遗嘱，追随诸君之后奋斗实行"。17日，上海国民党女党员派代表到莫利哀路29号寓所慰问宋庆龄。何香凝代表宋庆龄致谢词说:"孙先生奋斗四十余年,毫无一些产业,先生所遗下来的产业,即《三民主义》《五权宪法》《建国大纲》《第一次代表大会宣言》及《最后之遗嘱》。这不但是孙夫人之产业,也便是中华民国和东方民族的产业。希望女同志们以后当更遵守先生之遗言,根据先生之主义,努力为本党宣传,方能达到男女平等及中华民族的解放。"会见后,宋庆龄跟代表们合影留念。这一时期,向警予、杨之华等妇女党员常来探望宋庆龄,给她以安慰和鼓励。20日,宋庆龄为继续勘察孙中山墓址再次赴南京。21日上午9时出席了南京各界在秀山公园召开的追悼孙中山大会,22日,从南京返回上海。

哀悼孙中山的浪潮尚未平息,全国又掀起了五卅运动的怒潮。1925年5月30日清晨,灰蒙蒙的天空翻滚着乌云,暴风雨前的沉闷气氛笼罩着上海。上海各校学生两千余人分头出发到公共租界各繁华马路散发"打倒帝国主义"的传单,控诉上海日商纱厂资本家开枪杀死工人顾正红并杀伤十多人的暴行。自上午起,捕房即开始拘捕游行群众,至下午3时许,仅南京路老闸捕房一处即已拘留百余名学生。被激怒的群众包围了捕房,人如潮涌,声如涛吼。惊恐万状的英帝国主义捕头爱活生指使印捕、华捕开枪镇压示威群众,打死13人,伤数十人,酿成了震惊中外的五卅惨案——帝国主义欠下中国人民的又一笔血债。惨案发生后,中国共产党领导全国人民展开了一场声势浩大的"三罢"运动。这场斗争,成为第一次大革命高潮的响亮序曲。

6月初，宋庆龄就五卅惨案对上海《民国日报》记者发表谈话。她指出："此次惨剧，简单言之，实为英日强权对于中国革命精神之压迫，中国人民能一致起而反抗英捕房之暴行，在上海此实为第一次。"她希望全国爱国民众发扬孙中山生前"但知目的，不问手段；但知是非，不顾利害，尤反对调和"的斗争精神，为民族争独立，为人权争保障。同月，她又撰写了《为力争两广关余向英帝国主义斗争的孙先生》一文，发表于7月2日的《广州民国日报》。文章回顾了1923年底孙先生在英美舰队林立的险恶环境中向英帝国主义索取两广关余①的英勇事迹，证明"中国人民之不可侮，帝国主义者武力之不足畏"，教育国人认清帝国主义为中国民族独立之大敌，激扬他们在五卅运动中焕发出来的反帝斗志。

在五卅运动中，宋庆龄除撰写文章教育民众外，还参加了实际的政治活动。她常常来往的地方有三处：一是环龙路44号国民党上海执行部；二是闸北宝山路的

---

① 关余：中国近代关税中扣除偿付外债、赔款及海关经费等后所剩的余额。1842年，中英《南京条约》规定以中国关税作为对英国军费赔偿的担保，中国的关税自主权自此丧失。中国海关关税陆续作为各种外债、赔款的担保。中国每年关税收入，在优先偿还外债、赔款以及海关经费后，剩余部分才能由中国政府收用，称为"关余"。辛亥革命后，帝国主义攫取中国关税保管权，成立各国银行委员会，由总税务司全权保管税款并偿付外债、赔款，税款存入汇丰等银行，并规定"关余"不经驻北京的外国公使团同意，中国政府无权动用。从此帝国主义进一步控制了中国的财政，这种状况直到1929年实行新的海关进口税税则才结束。

《民族时报》馆①；三是静安寺路小沙渡路上海大学女生的一个秘密集合处。对于当时上海国民党左派的组织工作、宣传工作以及上海的学生运动，宋庆龄都进行了及时的指导。宋庆龄不仅自己捐款慰问罢工工人，还发动美国、加拿大的华侨踊跃捐款。

1925年8月下旬，孙中山的亲密战友、国民党左派领袖廖仲恺被刺的消息传到上海，宋庆龄又陷入了巨大的悲痛之中。在8月13日前后，廖仲恺就获悉有人阴谋暗杀他的消息。夫人何香凝劝他增加卫兵保护，他说："我们天天和人民接近，是防不胜防的。现在做中国人很好过吗？我自问无负于党，无负于国，无负于人，倘要暗杀，只好由他罢！革命党人说到牺牲，原是不成问题的。"②20日早晨，廖仲恺仅喝了几口白粥，就乘车去广州惠州会馆（当时的国民党中央党部）开会，跟他同行的有夫人何香凝、一名卫兵以及在路上邂逅的陈秋霖同志。汽车开到惠州会馆门前停下。他们四人一下车，预伏在门前石柱后面的五六名凶手立即蹿出，开枪射击。廖仲恺、陈秋霖和卫兵立仆，何香凝头顶擦过几颗枪弹，幸免于死。尸检结果显示，廖仲恺身中四枪，三枪是大口径枪射的，一枪是小口径左轮手枪射的。何香凝在分析廖仲恺遇刺的原因时指出："廖先生之遇害，有两

---

① 宋庆龄曾以"宋琼英"为笔名，在1925年6月18日《民族日报》上发表《孙中山先生与五卅后之民族独立运动》等文。
② 何香凝：《廖仲恺遇害事略及其感想》，载尚明轩等编：《双清文集》（下卷），人民出版社1985年版，第28页。

原因，一是对内的，一是对外的。现在我先说对内的：廖先生是要谋党的发展，政治的发展，革命的发展，所以在驱逐刘、杨（按：指军阀刘震寰、杨希闵）以后，便极力谋军政统一，民政统一，财政统一，并积极扩大党军，这是正中了贪官污吏、无聊政客、不法军人的嫉忌，先便诬蔑廖先生是共产，是赤化，后来还下了忍心将廖先生杀害。对外呢，便是帝国主义者，怀恨廖先生主张联俄，联合弱小民族及援助罢工，起来反抗帝国主义，便愿以二百万金接济反革命派，推倒广东革命政府，便先要除去廖先生，减少革命政府的势力。"①

宋庆龄获悉这一噩耗后，禁不住回忆起她跟廖仲恺共同奋斗的那些难忘岁月：1914年中华革命党在东京成立后，住在青山七丁目的廖仲恺夫妇常到她和孙中山所住的青山四丁目，共同筹备反袁斗争。1918年，孙中山回上海之后，廖仲恺和她一起协助孙中山起草致列宁和苏联政府的函电。1923年冬，孙中山宣布改组中国国民党，廖仲恺又和她一起，跟那些不赞成三大政策的右派进行针锋相对的斗争。想到这些，宋庆龄哀思如潮。她满怀深情，给何香凝起草了一封唁电——"廖夫人鉴：惊闻仲恺先生哀耗，元良遽丧，吾党损失甚巨，实深痛切。家母亦深哀悼。但先生为党牺牲，精神尚在，吾辈宜勉承先志，竭力进行。本拟赴粤亲致祭奠，唯因事所羁，不克如愿。务希各同志扶助本党，积极进行，万勿

---

① 何香凝：《廖仲恺遇害事略及其感想》，载尚明轩等编：《双清文集》（下卷），人民出版社1985年版，第27页。

因此挫折。南望涕零，特电驰唁。"①

同年9月20日，宋庆龄赴上海大洲公司三楼，出席了孙中山葬事筹备委员会召集的关于孙中山陵墓图案评判和选定会议。从当年5月中旬起，以杨杏佛任主任干事的"总理葬事筹备处"登报悬奖征求设计图案，四个月中，共收到各地工程师设计的陵园图案四十余份，全部在上海大洲公司三楼公开陈列。从9月15日至20日止，为陵园图案评判日期。经宋庆龄等亲属及有关专家、官员讨论评审，远在美国求学的工程师吕彦直的设计图案以第一名膺选。这一设计图，在紫金山指定之坡地，以高度线140米处为起点，由此而上达到170米左右，为陵墓之本部，"广五百尺，袤八百尺"，其范界略呈一钟形，象征警世的木铎。宋庆龄等认为，吕彦直先生的设计，融汇中国古代和西方建筑精神，特创新格，别具匠心，庄严俭朴，寓意深远，实为呕心沥血之作，于是决定授予吕彦直一等奖，奖金2500元。

1926年元旦，继续贯彻孙中山三大政策的中国国民党第二次全国代表大会在中央党部大礼堂隆重开幕。会场门口高扎松柏牌楼一座，两旁用电灯泡嵌成"革命尚未成功，同志仍须努力"十二字。宋庆龄因修建中山陵事滞留上海，1月3日乘林肯号轮船经香港返回广州，赶赴这一盛会。国民政府派宋子文和马湘副官到香港迎接宋庆龄。1月7日晚8时半，宋庆龄换乘羊城号海关轮

---

① 宋庆龄：《为廖仲恺遇刺逝世致廖夫人的唁电》，载《宋庆龄选集》（上卷），人民出版社1992年版，第32页。

安抵广州。二百余团体两万余人在天字号码头欢迎。何香凝走上前来，送上一个大花球。宋庆龄看到在廖仲恺遇刺之后精神上承受了巨大打击的何香凝，鼻子陡然一酸，但在大庭广众之中，她极力抑制自己的感情，接过花球，向欢迎群众频频致意。抵达太平沙寓所后，宋庆龄再也关不住感情的闸门，紧紧握住何香凝的双手，两行清泪扑簌簌掉落下来。

8日，宋庆龄劳顿未除，即出席了国民党二大并任执行主席。她说：

> 各位同志：我觉得很抱歉，因为种种的环境，不能早日来此，参与盛会。……我这次回到广东来，觉得是非常安慰的，因为此间一切的政治军事都很有进步，而且比先生在的时候弄得更好。这不但我个人安慰，而且亦安慰先生在天之灵。所以我觉得前途非常乐观，非常有希望。但是我还要希望诸位团结坚固，不要受人家的挑拨，不要因一二人的私见便争意气。因为先生的主义成功不成功，全仗诸君的努力。如果诸位能大家合作，则先生的主义一定是能够成功的，能够实现的。如其不能合作，则先生的主义决不能成功。所以我竭忱地希望诸位要大家合作。①

---

① 宋庆龄：《在国民党第二次全国代表大会上的讲话》，载《宋庆龄选集》（上卷），人民出版社1992年版，第33页。

一位与会的女代表回忆说："宋庆龄走上讲台的时候，会场非常肃静。她讲到孙中山的时候就哭了。她说要继承中山先生的三大政策，全场沉浸在悲痛之中，钦佩她的革命精神。我是个青年女子，也对她的端庄高贵、玉骨冰肌、美丽娴雅的风度十分爱戴。她就是真善美，江山灵秀钟于其身，是中国妇女的最高典范。"①在当天的会议上，毛泽东就宣传问题作了报告，何香凝就妇女问题作了报告。9日，宋庆龄同何香凝、邓颖超等一起被选为国民党二大妇女运动报告审查委员会成员。

1月10日，宋庆龄亲赴东山廖公馆再次慰问何香凝，晤谈良久。

1月16日，国民党二大选举中央执行委员和候补中央执行委员。宋庆龄被选为中央执行委员。在249张有效选票中，她共获245票。据统计，当选的36名中央执行委员中，有4人获248票，1人获246票。宋庆龄获票数居第6位，可见她当时在党内实际威望之高。在新当选的24名候补中央执行委员中，毛泽东获173票，邓演达获167票。②

17日，新任国民党中央执行委员的宋庆龄出席了广州市妇女界在广东教育会堂为她召开的欢迎会。20日下午，她又赴广东大学风雨操场出席广州各界妇女团体为

---

① 参见袁溥之：《大革命时我在武汉的经历》，载中国人民政治协商会议武汉市委员会文史资料研究委员会编：《武汉文史资料》1983年第4辑。
② 《选举结果报告》，载《中国国民党第二次全国代表大会日刊》第18号，1926年1月19日。

她举行的欢迎大会,到会约5000人。何香凝任主席。宋庆龄发表演说。她说:

> 今日中央妇女部、广东省妇女部、广州市妇女部及各女团体,这样地热烈开会来欢迎我们,实在是很不敢当的。我回忆数年前,在广州组织出征军人慰劳会及红十字会时,曾和诸君共事,现在又得与诸君聚首一堂,不特是所可庆幸的事,而且更令我觉得无限的快感,因为第一次全国代表大会的出席女代表只有三位,而且是先总理所指派的。现在第二次代表大会的女代表,人数已经增多几倍了,这可见得我们女子,已有多数的人,明白三民主义,和知道国民革命是谋我国脱离帝国主义的压迫,及实现党纲第十二条"于法律上经济上社会上确认男女平等之原则,助进女权之发展"。他们既晓得本党除了求国家自由独立外,更可以解放我们自身的,所以这次代表大会的女代表人数,才有这样的多呢,这不是可令人感着愉快的么。但是我更希望诸姊妹们,齐领导妇女们向国民革命战线上走,那么国民革命成功便不远了。[①]

1月22日,国民党第二届中央执行委员会第一次全会召开。宋庆龄莅会。她跟恽代英、詹大悲一起,被选

---

① 宋庆龄:《在广州女校女团体欢迎会上的演说》,载《宋庆龄选集》,中华书局1967年版,第13页。

*

1926年1月，宋庆龄在广州出席中国国民党第二次全国代表大会期间与广州各界妇女代表合影。宋庆龄（前排右六）、何香凝（前排右七）。

第十四章 志先生之志，行先生之行

为特派驻上海的中央执行委员；23日，宋庆龄又被选为中央妇女部部长（后由何香凝代理）。25日下午3时，省港罢工委员会委员长苏兆征及其他7位罢工委员会委员代表全体罢工工人慰问宋庆龄。宋庆龄跟鲍罗廷夫人在盐务稽核分所亲切接待了他们。苏兆征代表全体致慰问词。他说，自沪案发生后，孙夫人不特在上海鼓励群众，而且对响应五卅运动的省港罢工给予了很大的支持；计自省港罢工后，孙夫人发动海外华侨捐款，共计十余万元，给罢工工友以及时的接济。工人们对孙夫人的热心赞助十分感谢。接着，宋庆龄就解决省港罢工的策略发表了不少意见，各委员表示深受启发。

同年3月12日，是孙中山逝世周年纪念日。3月4日，宋庆龄从广州经上海赴南京，参加中山陵奠基典礼。12日，全国各地代表近万人参加中山陵奠基仪式。基石刻有"中华民国十五年三月十二日中国国民党为总理孙先生陵墓行奠基礼"29个字。字作颜体，由谭延闿手书。国民党政府拨付了三十余万元建筑费。当晚，宋庆龄启程回沪，稍事逗留后即重返广州。

1926年7月9日，在"打倒列强，除军阀"的雄壮口号中，国民革命军誓师北伐。北伐战争的目的是推翻帝国主义支持的北洋军阀的反动统治，实现中华民族的独立、自由、民主和统一。这是孙中山多年的愿望，是全国人民的共同要求。国民革命军十万人分三路出师北伐：第一路进攻两湖，第二路进攻江西，第三路进攻闽浙。中国共产党发动广大工农群众积极支持配合这场正义之战。宋庆龄看到孙中山的遗愿即将实现，极为振奋。她不但积极参加了救护劳军等项后勤工作,而且满怀豪情准备亲赴前线。同年9月29日,国民党红十字会召开第十次执委会议,加聘宋庆龄为征募部正部长。宋庆龄高兴地接受了这一任命,表示极愿参加慰劳工作。

　　同年11月,北伐军相继攻克南昌、九江。捷报传来后,国民政府决定派要员遄赴前方,先至南昌、九江视察,转赴湖南,直至武汉三镇。16日上午8时,宋庆龄、宋子文、陈友仁、徐谦、孙科等作为先遣人员,赴黄沙车站准备乘火车北上,各界人士万余人热烈欢送。宋庆龄身着灰色绒袍,眉宇间洋溢着英武之气,不断向欢送人群招手致意。群众代表向她赠送了花篮及花球,命名为"革命之花"。宋庆龄亲手接受,频频道谢。9时整,列车在礼炮和军乐声中离开广州。宋庆龄当时虽看到了革命统一战线内部的深刻裂痕,但却没有料到,北伐战争的高潮到来之日,也就是第一次国内革命战争的成果即将葬送之时。

孙中山的政策是明明白白的。
如果党内领袖不能贯彻他的政策，
他们便不再是孙中山的真实信徒。

———

宋庆龄

第十五章

扬子江心，中流砥柱

"光荣北伐，武昌城下，血染着我们的姓名……"陈毅创作的这一悲壮歌词，真实记载了北伐军攻占武汉时可歌可泣的历史。1926年5月，第四军独立团作为尖刀部队的北伐军挥师北上。9月初，兵临武昌城下。6日，克汉阳；7日，克汉口；10月10日，北伐军各路队伍经过二十多天的围城苦战，终于攻下华中重镇武昌。武汉三镇的敌军作鸟兽散。捷报传来，武汉民众一片欢腾。他们拼命挥动着红旗，把帽子抛向空中，嗓子喊哑了，手掌拍红了，接连不断的爆竹声响彻全市，犹如机关枪怒射一般。从那时起，至次年7月15日，武汉成了全国革命的中心。在这里，革命与反革命、国民党内左派与右派、统一战线内部的各派势力，以及新旧军阀之间，展开了一场殊死的搏斗。宋庆龄晚年回忆说："那个时候的武汉，紧张得很啊，相当紧张，相当尖锐。"[1]

同年11月26日，为了扩大完全占领武汉的胜利成果，国民党中央政治会议在广州召开，正式做出迁都武汉的决定。几年来局促于南方一隅的国民政府，终于将它的势力范围从珠江流域伸展到了中国的心腹地区——长江流域。宋庆龄与陈友仁等作为国民政府的先遣人员，经过长途跋涉，于12月10日风尘仆仆地抵达汉口，受到市民的热烈欢迎。斯特林·西格雷夫在《宋家王朝》中描述了他们一行的艰苦旅途："他们先乘火车，到终点以后改坐轿子，陆地旅行，还要避开有敌人的地

---

[1] 任云：《浴血以求光明 奋斗以求真理——忆宋庆龄同志谈她1927年在武汉的斗争》，载《湖北日报》1981年6月3日。

区。后来,他们又乘平底船、内河驳船和骑马……天天碰到滂沱大雨,涉水过河,穿越泥泞的山道……"鉴于国民党中央党部和国民政府于12月5日在广州停业办公,为了不使中央领导机关工作中断,邓演达、徐谦、宋庆龄、吴玉章等十多名国民党左派领袖和共产党人12月13日在武汉成立"国民党中央执行委员会和国民政府委员临时联席会议",作为迁都前的临时党政最高权力机关。①

1927年元月1日至3日,为庆祝北伐胜利及国民政府、中央党部迁鄂,武汉三镇连日举行规模盛大的庆祝活动。宋庆龄出席了在武昌阅马场召开的有20万人参加的庆祝大会并发表演说。当时没有扩音器,只好由一位年纪轻、嗓门大的女青年袁溥之在身边大声转达。据袁溥之回忆,宋庆龄讲话的大意是,"国民政府迁都武汉,是孙中山先生的遗愿。武汉地处全国中心,古有九省通衢之称,而且又是辛亥首义之区,国民政府设于武汉,具有很大号召力"。②

但就在此时,集党权、军权、政权于一身的蒋介石却另外纠集一伙人,执意把国民政府迁到他的总司令的驻地——南昌,以达到挟天子以令诸侯的政治目的。1月3日,蒋介石在南昌召开所谓"中央政治会议",反对

---

① 蒋介石因为在武汉临时党政联席会议中没有他的位置,而且事前未曾跟他商量,内心不悦,虽表示同意,但这件事实际加剧了双方的矛盾。
② 袁溥之:《大革命时我在武汉的经历》,载中国人民政治协商会议武汉市委员会文史资料研究委员会编:《武汉文史资料》1983年第4辑。

武汉国民政府和国民党中央联席会议行使中央权力。他把武汉联席会议改为"中央政治会议武汉分会",并任命宋庆龄、宋子文、李宗仁、董必武等13人为"武汉分会"领导成员。这一非法决定立即遭到了宋庆龄的断然拒绝。为了钳制野心勃勃的蒋介石,武汉临时联席会议号召开展提高党权、反对独裁的斗争。因此,围绕广州国民政府迁都地点展开的这场争论,实质上是国民党的集体权力与蒋介石的个人专权之争。不过,由于蒋介石当时手握重兵,又刚刚在江西战场打败了孙传芳,所以这场交锋的实质并没有点破,而且最初对蒋介石的斗争又采取了热烈欢迎蒋介石到武汉的奇特方式。

1月12日午后2时30分,蒋介石乘长安号轮船从南昌抵达武昌,打算通过实地考察,摸一摸武汉方面的底细。武汉民众赴文昌门江岸鹄立欢迎这位"凯旋将军",宋庆龄跟鲍罗廷夫人一起也由汉口乘专轮到江岸欢迎。下午4时,武昌市民在阅马场举行了"欢迎蒋总司令莅鄂大会"。蒋介石在会上假惺惺地说:"今天这个欢迎会,不要说是欢迎总司令,乃是欢迎总理政策。而且,我们知道:要达到最后的胜利,必须团结起来,拥护中国国民党,服从党的指挥。"他还号召:"一、遵照总理遗言,拥护总理的农工政策,联合世界以平等待我之民族,共同奋斗;二、总政策最后的成功,是在民众自己的努力,所以民众应该加紧团结起来;三、团结自己的力量,收回租界,废除不平等条约。"

13日下午,汉口数万群众又在华商跑马场举行了"欢迎总司令凯旋大会"。在这次会上,狡猾多变的蒋介石不再讲"拥护党权"的话了，而是要求民众服从政府指挥。15日晚7时，蒋介石在汉口普海春三楼大厅宴请农工商学兵妇女新闻各界及党部人员，列席者四百余人。与会者一致要求"中央党部国民政府及总司令速迁武汉"。蒋介石的答复模棱两可。他既说"各界要求党部来驻武汉，我当向中央转达，定可使各界希望能够满足"；又说"总司令应随军事进展为转移，不能确定驻地"。这次武汉之行给蒋介石留下的深刻印象，就是两湖的群众团体受共产党影响很深，武汉政权基本上被左派所掌握，这就使他更坚定了"立足南昌，攻占宁沪，进攻东南"的方针。18日晚8时，蒋介石乘长安轮匆匆从汉口返回南昌。

以欢迎形式展开的反蒋斗争没有达到预期的效果，宋庆龄跟她的战友们决定从组织上挫败蒋介石妄图定都南昌的阴谋。3月7日下午6时，国民党二届三中全会预备会议召开。宋庆龄与毛泽东、邓演达、董必武、恽代英等25人莅会。经过投票，宋庆龄、徐谦、孙科、谭延闿、顾孟余5人被选为主席团成员。毛泽东提议，在会议期间如遇重大事件，应授权主席团全权处理。3月10日至17日，国民党中央二届三中全会正式在汉口南洋大楼三楼召开。宋庆龄跟毛泽东、董必武、林伯渠、恽代英、吴玉章、邓演达、何香凝等人一起出席了这次会议，并发表了重要讲话。她提出国民政府中不仅要增设农政部和劳工部，而且还要增设实业部和卫生部。这就是要求大家在戎马倥偬之时，高度注意经济问题，热情关心群众疾苦，在条件许可时，尽力改善人民的生活。身为国民党中央常务委员会主席、军事委员会主席和军人部部长等职务的蒋介石拒不参加这次会议。他拍了一封电报，仅要求执行委员们到南昌去开会。因此，会议决定废除主席制，免除了蒋介石的职务，推选宋庆龄、邓演达、林伯渠、陈友仁、宋子文、王法勤为政治委员。政治委员会的职权是"对于政治问题，议决后，交由中央执行委员会指导国民政府执行之"。会议还重申坚定不移地贯彻孙中山的"联俄、联共、扶助农工"的三大政策。这次会议，是党权运动达到高峰的标志，是国民党左派对蒋介石斗争的一次重大胜利。3月20日上午10时，宋庆龄等28人赴武昌国民政府参加国民政府委员就职典礼。她跟与会委员一起宣读了誓词：

　　余敬谨宣誓，余将恪遵总理遗嘱，服从党义，奉行国家法令，忠心并努力于本职，并节省经费。余决不雇用无用人员，不营私舞弊，及授受贿赂。如违背誓言，愿受本党最严厉之处罚。

宋庆龄在武汉时期做了许多有意义的大事。她的第一个独特贡献是在汉口惨案发生后，积极推动武汉政府收回汉口和九江英租界。武汉惨案的背景是：北伐战争的大好局势是帝国主义列强不愿看到的。1926年9月，北伐军胜利推进到长江流域时，英国军舰就凭借由不平等条约获得的内河航行特权，在长江水面游弋，屡肇事端。9月5日，英国军舰借故公然炮击四川万县（今重庆万州）城，酿成千余家民房店铺被毁、千余人死伤的万

1927年3月10日，宋庆龄在武汉与出席国民党二届三中全会的部分委员合影。宋庆龄（前排左六）、宋子文（前排左七）、董必武（二排左二）、毛泽东（二排左八）、恽代英（三排左七）、邓演达（三排左八）。

县惨案。1927年1月，北伐军向长江下游推进时，英国又提议由英、美、日、法四国出兵，实行联合武装"保卫上海"。这时，各国纷纷增兵中国，在上海及长江一带，共有外国军舰六十余艘，集结在上海的外国军队共两万余人，造成武力威胁中国革命的严重局势。

1927年1月3日，一队英国水兵在汉口英租界外用暴力驱逐正在举行庆祝的中国工人，导致一名海员被刺身亡，数十名群众被刺伤。汉口惨案发生后，武汉的广大工人阶级和革命群众被英帝国主义者的暴行激怒了。他们在中国共产党领导下，要求武汉国民政府向英国提出严正抗议，责成英国政府赔偿、道歉，凶手交中国政府依法惩办；并要求英国立即撤退驻扎在汉口的军舰，解除英租界巡捕武装，由中国政府派军警管理；还要求收回海关，取消英国船只内地航行权，取消英国在华领事裁判权，限英政府在72小时内给予答复。但英帝国主义者藐视中国人民的力量，竟对此置之不理。

1月5日，武汉四十余万人冒雨举行抗议大会和示威游行，高呼"打倒英帝国主义！""打倒军阀卖国贼！"的口号。抗议大会以后，革命群众英勇地驱逐了英帝国主义的巡捕，占领了汉口的英租界。

面对这一局势，宋庆龄与陈友仁、鲍罗廷商讨战略。他们三人各有不同看法：鲍罗廷认为应该将这个问题暂时搁置，等北伐军推翻北京军阀政府之后，再对外国租界和其他特权问题在全国范围内一揽子解决；外交部部长陈友仁考虑到武汉聚集着约50艘外国海军舰艇，而武汉政府的部队正往北开拔，作为革命政府所在地的武汉极易受到外国武力或蒋介石（也可能两者联合起来）的攻击，这将从后方破坏整个北伐，因此，陈友仁虽然赞成收回租界，但须做好谨慎的外交工作，要保证不干涉外国侨民的居留和贸易，使列强没有诉诸武力的借口；宋庆龄则主张采取迅速的、战术性的行动。她认为：革命将取得全国性的军事胜利，这一点不仅中国人民，而且世界各国也都已看到，因此列强将避免同中国直接冲突，因这样的冲突对它们有百害而无一利；况且列强之间也有意见不一和利益矛盾的地方，虽然它们都不喜欢武汉政府，但对武汉政府的态度、对其前途的看法以及当前各自利益受到直接威胁的程度却不相同，因而中国对它们的态度也应有所区别；在武汉，应该只收回英租界，而法租界和日租界则暂时不去动它；我们的行动越快，英国人就越是来不及同其他国家协调政策，这样武汉革命基地和北伐都不会有迫在眉睫的危险。宋庆龄的看法后为大家所接受并迅速付诸实现，同时由陈友仁负责进行有关的外交工作。此外，宋庆龄还曾敦促陈友仁，要他把群众运动（特别是工农运动）看作进行外交努力的可靠基础。①这样，在宋庆龄思想的指导下，武汉政府在国民革命军胜利的基础上收回了两处英租界。这是自1840年鸦片战争以来，中国人民第一次扬眉吐气。

  宋庆龄在武汉时期的第二个独特贡献，是推动了大革命时期妇女解放运动的蓬勃发展。在她的号召和组织下，广大妇女与男子一道，肩负起改造社会、争取民族解放和妇女自身解放的历史重任，显示出妇女是一支伟大的革命力量。作为妇女解放运动的战士和领导者，宋庆龄不仅不辞劳苦地到汉口妇女协会等团体发表关于妇女问题的讲演，而且专门在武汉开办了著名的妇女党务训练班，并亲任班主任，积极培养妇运骨干。她在《论中国女权运动》一文中指出，设立这个训练班的目的，是使学员"有解决政治问题之能力，努力于中国妇女之解放"，她希望妇女们"均有世界眼光"，并热情洋溢地预言，"中国妇女之桎梏刻已打破，吾等祖母虽较美国妇

---

① 伊斯雷尔·爱波斯坦：《宋庆龄——二十世纪的伟大女性》，人民出版社2008年版，第186—187页。

女落后五百年，但吾等之女儿未始不可先进五十年"。①

为动员妇女报名投考妇女党务训练班，宋庆龄撰写了《敬告全国女界同胞书》。她首先展示了国内农工终日手胼足胝、困苦颠簸、啼饥号寒的悲惨情景，指出使我们人穷财尽、民不聊生的罪魁祸首是帝国主义及其走狗军阀武人。我们民族要在世界上生存，非一致联合打倒帝国主义和军阀不可。接着，宋庆龄着重论述了培养妇女骨干、推动妇女运动的重要性："我最可怜的就是我们的女同胞，受了国际上重重压迫之外，还要多受一层男女不平等的压迫。我们本党党纲是主张男女平等的，对于一切法律皆极平等，现在广州已正式颁布了，女子在公法、私法上、民事上、刑事上皆已得着平等地位。国民政府统治下的省份中的女子，已得着解放了，尚有其他各省女子，我们当然不能看着她在压迫之下过那非人的生活。我全国亲爱的姊妹呵，你们可以觉悟了，自己的权利是要自己奋斗来做代价的，指望别人恩舍是靠不住的。我指点你们一条路：你们赶快起来一齐投入青天白日旗帜之下来做革命工作。我知道你们虽然很多人有思想觉悟，但是没有这种经验和一种训练，徘徊歧路，我所以与同志们在湖北创办一个妇女党务训练班，指导你们党务政治一切实用知识，以求本身的利益。亲爱的姊妹呵，我用最诚恳的意见来希望你们大家起来一同奋斗，再不要观望自误了。有志的女同胞，可以自由

---

① 宋庆龄：《论中国女权运动》，载《宋庆龄选集》（上卷），人民出版社1992年版，第41—42页。

前来受训练啊。"

妇女党务训练班的校址设在汉口特别区四维路5号。凡中学毕业程度、年龄在18岁至40岁之间的妇女均可报考，录取后不收学费。修业期限三个月，考试及格者给予毕业证书。

2月12日上午，妇女党务训练班举行开学典礼。校舍墙壁上张贴的标语写着"实现三民主义"，"巩固革命的联合战线"，"打倒帝国主义和军阀"。8点多钟，来自湖南、湖北、江西、安徽等地的103名学员（正式生94名，备取生9名）穿着五颜六色、长短不齐的服装在院内排好队，等候举行仪式。9时整，宋庆龄在负责训练班日常工作的刘清扬、刘衡静陪同下进入会场。全国人民景仰崇拜的"国母"居然出现在眼前，学员们一时显得手足无措，发出一阵"咿""呀"的惊叹声。此时，这群刚过了几天集体生活的女青年由于兴奋，把一再交代过的纪律忘得一干二净了。刘清扬大声宣布："请宋主任训示！"队伍中爆发出一阵热烈的掌声。宋庆龄操一口浓重的南方口音致辞。为了选择恰当的词汇，她常有意把话顿一顿。她说：

> 今天是妇女政治训练班举行开学典礼，我们开办这个妇女政治训练班的理由，是很简单的。中国国民革命是要全体国民来参加共同奋斗，方才可以成功的。中国妇女虽然受了二千多年的专制压迫，对于眼前的革命工作当然不能置身事外。妇女是国民一分子，妇女解放运动是中国国民革命的一部

分。所以为求全民族的自由平等，妇女应当参加国民革命。为求妇女自身的自由平等，妇女也应当参加国民革命。这个训练班，就是妇女国民革命军的预备。从前女子教育的目的，在造成贤母良妻。现在我们知道女子在社会上的责任，不仅是在家庭里面做一个贤母良妻，她同时要为国家做一个良好的国民革命的妇女。总理说"国家是一个大家庭"。我们应当先努力于这个大家庭的革命工作，然后才有小家庭存在的希望。只知道做贤母良妻，不去尽国民革命天职的妇女，结果必定做帝国主义与军阀的"奴才的奴才"。

妇女本来是社会的创造者，不但不应当受男子的压迫，并且事事应当站在男子同一战线上努力。我们不但应当反对男子压迫女子的举动，我们并且应当反对女子压迫女子的举动。我们假使一方面反对男子的压迫，一方面凭借特殊的地位欺凌我们同类的贫苦妇女，这种矛盾的举动，只有使妇女的地位愈加堕落。

妇女要求平等，应当先以平等待同类，打破富贵贫贱的阶级，团结全国乃至全世界的妇女成一个革命的大同盟。这就是党务训练班所努力的目标，深愿诸位同学从此努力奋斗，完成国民革命。[1]

---

[1] 宋庆龄：《妇女应当参加国民革命》，载《宋庆龄选集》（上卷），人民出版社1992年版，第39—40页。

妇女党务训练班的校舍是两座二层洋房，一做学生宿舍及饭厅，一做教室、图书馆及职员办公室。学生大半住校，膳宿学各费均免交。教员有张太雷、恽代英等革命先觉和周鲠生、于树德等知名学者。开设的课程有《三民主义》《总理历史》《中国国民党史》《苏俄政治组织概要》《帝国主义侵略世界史》《妇女运动》《农民运动》《工人运动》《青年运动》《国民工农革命要义》《不平等条约内容》《政治学概要》《经济学概要》等；技术课程有宣传工作和战地救护等。除各项规定课程外，还不定期邀请名人演讲。①

为了有机会多接触学员，宋庆龄有好长一段时间就住在训练班所在的院子里，陪伴她的是何香凝。学员们在课余时间常去拜谒她们。她们常教育学员：在国与家之间，要以国事为重，要克服妇女本身的弱点，做一个坚强的人。学员蒋心仪来自安徽安庆，原来是一位小学教员。宋庆龄亲切地对她说："妇女当小学教员是天职所在，太有意义了。革命成功之后，我也想要从事儿童教育工作。"②

这年夏天，由于政治形势的迅速逆转，训练班不得不提前结束课程，匆忙举行了一个结业仪式。学员们有的随北伐军北上，有些暂时回到了家中。尽管这个训练班只存在了几个月，却在学员心中播下了革命的火种，

---

① 《妇女党务训练班章程》，载《汉口民国日报》1927 年 1 月 13 日。
② 参见蒋心仪：《回忆北伐时在宋庆龄身边的日子》，载《钟山风雨》2009 年第 2 期，第 19—20 页。

其中有些人成长为各个革命时期妇女运动的骨干。

宋庆龄在武汉时期的第三个独特贡献，是肩负起了伤兵救护的革命重担。1927年春夏，北伐军北捣黄河，立马长江，西克开封，东卷沪宁，取得了重大胜利，但也有重大伤亡。特别是攻克洛阳一役，虽俘敌两万余人，北伐军伤亡亦不少。5月中旬，前线伤兵陆续运到武汉；6月，集中在武汉的伤兵已逾万人。此时，汪精卫、谭延闿等人已在策划反共，压制工农运动，对于伤病员的死活置若罔闻。他们手下的一些卫生官员甚至弄虚作假，用假药充好药，拿未经消毒的棉花当药棉，致使伤兵伤口化脓，病情恶化。有的伤兵由于生活安排不周而寻衅滋事。伤兵问题成了一个十分突出的社会问题，因此，开展以救护伤兵为主的劳军运动，就成了巩固和发展北伐战争胜利成果的重要保证。为此，宋庆龄和何香凝等十一位中央委员发起组织了北伐红十字会，后改名为伤兵救护会，宗旨是组织前方救护队和后方医院，给伤兵以物质救助和精神安慰。5月27日，伤兵救护会在汉中街一号正式成立。宋庆龄任委员长兼财政委员。委员会下分财政委员会和医药委员会两部分。医药委员会分管伤兵的居住、运送、购物、医疗、看护以及死者的掩埋等事务。宋庆龄在成立会上致辞。她说，红十字会本是一种国际的博爱的人道主义团体，但我们这次发起组织红十字会，更重要的是为了支持打倒帝国主义和军阀的革命战争，是为了救护那些为求大多数同胞生存与幸福、为世界民族的自由与和平而跟人类的恶魔拼一死活的革命志士。一个人的精神、知识、时间和金钱，都是应该用于那最高尚最宝贵的事情。我们深信把我们的力量贡献于北伐红十字会，是很有意义的。周恩来、吴玉章等出席了成立大会。周恩来在发言中对宋庆龄的意见表示支持，并提出了发动各方面力量的具体建议。会议还推选郭沫若、林育南、孙科等为委员。

在宋庆龄的领导下，武汉地区开展了有声有色的救护伤病员的活动。6月8日，宋庆龄在中央党部召集各团体代表举行联席会议，决定用发行纪念章、举办舞会、游艺会等方式为伤兵救护会募集经费。6月10日至13日，该会在华商跑马场举办了三天大赛马，以所得利润充作经费。6月18日，该会又在维多利亚影戏院举办游艺会，入场券每张售价3元。陈友仁的女儿和李金发的夫人都表演了精彩的歌舞。宋庆龄领导的妇女党务训练班对于慰问伤兵工作最为积极。她们走街串巷，募集了大洋、毯子、毛巾、被单、衣裤、席子、棉被、鞋袜等物。6月25日，苏联工联全国理事会应宋庆龄的电请，决定捐款3万卢布，并准备向各下属团体继续募捐。除了筹款，伤兵救护会还组织车站照料队，将下车的伤兵护送到后方医院。为解决医院病床不足的困难，该会将妇女训练班校址让出，临时容纳了三四百伤兵，又与军事委员会接洽，将慈善院内驻军撤出，收容了3000伤兵。该会不但把在武汉的外国医生、护士都吸引到救援工作中来，又征求、培训看护，以应急需。当武汉伤病医院部分伤兵持手榴弹跟院方发生冲突时，宋庆龄跟总政治部主任邓演达冒着危险，亲临现场调解。肇事的伤兵说："国母一片慈心，我们北伐军人，应遵守纪律。"宋庆龄领导的这一工作取得了积极的成效,得到了北伐军广大官兵的热情赞扬。6月27日,冯玉祥代表国民军官兵致电宋庆龄表示感谢:"此次敝军出关,为完成革命工作,幸赖各方援助,得以克复郑汴,顷蒙贵会惠送敝军药械材料多种,拜领之余,无任铭感。谨代表全军将士对贵会同人隆情表最诚恳之谢忱。"

宋庆龄在大革命的风暴中,宛如屹立在武汉三镇的砥柱中流,深为敌人所忌恨。反动派为了迫使她离开武汉,施展了种种反间计。宋庆龄洞隐烛微,屹然不动。敌人继而散布种种流言蜚语,造谣她跟鲍罗廷要好,欲中伤宋庆龄,使她由愤懑而消极。为此,国民党中央政治委员会致函宋庆龄表示慰问:

> 孙夫人宋庆龄同志:近闻外间有人造作流言,欲以中伤同志。此种流言之来源,同人已经查悉。彼反革命者,见同志能坚决履行总理遗志,以促国民革命之进步,彼于畏惧之余,计无所出,遂不恤为此人头畜鸣之伎俩。欧洲革命先进有言:我乐闻反革命之诋毁。彼之诋毁愈甚,愈足见吾与彼之背道而驰也。故反革命者此种流言,不特无损于同志之令名,适足以彰同志之盛德。唯同人必不使此反革命而侥幸漏网,已决议严密查拿,尽法惩治。兹复一致决议修函慰问,诸维荃照,并颂党祺。

> 政治委员会

大革命时期错综复杂的矛盾冲突，不但在国民党内部和在社会上掀起了洪涛，也在宋家内部激起了波澜。①

　　1926年冬，当宋庆龄、宋子文抵达汉口之后，宋母带着宋蔼龄、宋美龄从上海专程来看望他们。当时，宋子文担任武汉国民政府的财政部部长，住在原先的汉口俄国道胜银行里面。国民党中央执行委员会聘请的苏联顾问鲍罗廷是宋家的常客。据宋美龄回忆，鲍罗廷身材高大，狮子头，蓄短髭，一头棕发直披颈后。他穿着中山装，不停地吸着三五牌香烟，在宋子文的起居室里来回踱步。直到烟灰延长到即将掉落的一瞬间，他才及时地将烟灰弹在烟灰缸内。随着心情的改变，鲍罗廷讲话的语调或沉重，或轻快，或缓慢，或急促。为了强调重点，他的拳头时而上下挥动，时而紧握着停在半空，像乐曲中的休止符。他留给宋美龄的印象，是富有自制力、魄力和煽动力。鲍罗廷在宋家的经常话题，自然是畅谈共产主义和希望宋家成员能在革命大业中发挥积极作用。他特别提到列宁夫人克鲁普斯卡娅和列宁的主要助手伊莲拉·斯坦索娃，希望宋家三姐妹能效法苏俄的这些革命女志士。②

　　宋庆龄对鲍罗廷十分敬重。据后来代理财政部事务的张肇元回忆，宋庆龄常常督促他到鲍罗廷那里去商谈

---

① 在此期间，蒋介石、宋美龄、宋子文都先后试图说服宋庆龄离开武汉，并透露了宁汉反共势力将要合流的信息；宋母也来信劝说宋庆龄回到上海，均为她拒绝。
② 宋美龄：《与鲍罗廷谈话的回忆》，载台湾《传记文学》32卷第5期。

工作。①鲍罗廷也称颂宋庆龄是"国民党整个左派中唯一的大丈夫"。而对于宋蔼龄和宋美龄，鲍罗廷的话当然不会发生什么作用。宋蔼龄把共产党人都视为不切实际的高调者，使她感兴趣的是中国的工业问题而非政治问题。宋美龄正被蒋介石苦苦地追求着，虽然她已经跟当时上海市市长刘季文订了婚。

至于宋子文，他也是一位与革命无缘的人，唯一牵动他神经的是印刷精美的钞票。1926年底他刚到武汉时，他的小汽车曾被一群举行示威游行的人包围，车上的一块玻璃在混乱中被击碎，从此，他对罢工和群众集会更为反感。为了能在江浙的财界行使权力，宋子文于1927年4月初离开武汉，来到宋家开设有面粉厂和纺织厂的上海。蒋介石要求宋子文以财政部部长身份在他敲诈来的贷款协议上签字，宋子文拒绝了。这使他在4月下旬一度跟蒋介石处于对立状态。蒋介石为了对宋子文进行惩戒，立即封闭了他在上海的办事处，重新物色财政部部长的人选。与此同时，蒋介石还命令驻广州的部队没收了宋子文在南方政府银行的所有财产。宋子文上海住宅的四周黑影幢幢，那是蒋介石派来昼夜监视他的特务。在蒋介石的威逼下，宋子文每时每刻都处于极度的恐惧之中。宋庆龄获悉这一情况，动员宋子文立即返回武汉，跟蒋介石决裂。同年6月，富有浪漫色彩的美国记者希恩来到上海，他受宋庆龄委托，劝说宋子文重

---

① 张肇元：《我所知道的鲍罗廷》，载台湾《传记文学》33卷第6期。

新站到武汉的国民党左派一边。希恩打算把宋子文伪装成他的翻译，跟他一起乘坐英国轮船返回武汉。宋子文开始几乎同意了希恩的冒险计划，请希恩以广州王先生的名义替他买一张同舱的船票。当晚他去征求孔祥熙夫妇的意见，第二天改变了主意。他结结巴巴地对希恩说："我不会去了。告诉姐姐我会给她写信。很抱歉让你白忙活一趟。""哦，还有我的姐姐……我姐姐也不知道。……我怎么知道等我到了汉口后，那些暴徒们不会把我从财政部给揪出来撕成碎片呢？"①

然而，宋子文在这年7月还是回到了武汉，但不是要跟他的二姐并肩战斗，而是充当秘密使者，在上海的蒋介石与武汉的汪精卫之间进行撮合。他还带来了一封蒋介石给宋庆龄的亲笔信，信中蒋介石假惺惺地盼望宋庆龄赶快回上海解决党务问题。在此期间，宋美龄在7月上旬也从上海赶到武汉，企图劝说宋庆龄改变立场与她回到上海，并透露了宁汉反共势力将要合流的信息；宋庆龄的母亲也来信劝说她回到"家庭"中去。对于这些劝说，宋庆龄都拒绝了，她坚定地走自己的道路。

汪精卫在大革命时期经历了一条由"联共反蒋"到"反共反蒋"再到"联蒋反共"的道路。由于汪精卫在清末有过谋炸清摄政王载沣的光荣历史，在国民党里资历长、地位高，在中山舰事件后又一度被蒋介石排挤出国，所以当蒋介石反共面目日益暴露的时候，不少人

---

① ［美］斯特林·西格雷夫：《宋氏家族》，中信出版集团股份有限公司2017年版，第298—301页。

对汪精卫寄予厚望。4月13日晚，湖北省和汉口市国民党部为10日抵达汉口的汪精卫举行了欢迎宴会。汪精卫在席间宣布了蒋介石发动"四·一二"反革命政变的消息，并激昂慷慨地说："'反共党'就是反对农工，就是反对孙总理手定的政策，就是完完全全、实实在在的反革命。"但是，汪精卫一旦掌握了武汉的军政大权，就逐渐暴露出了他的真实面目。他把当时工农运动中个别的"左"倾幼稚行动无限夸大，借此来责备和辱骂共产党人，作为准备公开反共的借口。1927年5月底，共产国际给鲍罗廷和第三国际驻华代表罗易拍发了《五月指示》的紧急电令，内容是实行土地革命，发展工农运动，加强国民党中央委员会左派的力量，动员党员和工农群众几万人编成新的军团，组织革命军事法庭肃清反革命等。陈独秀扣留了这个指示，不让全党知道，但罗易却于6月5日开诚布公地交给汪精卫看，天真地以为这份文件能鼓舞汪精卫在困境中奋斗的勇气。不料汪精卫看完之后，自认为是抓到了共产党的把柄，便以共产国际阴谋破坏国民党为借口，加速了"分共"的步伐。就在看到这份电报的当日，汪精卫解除了鲍罗廷的顾问合同。

在这历史的严峻关头，宋庆龄跟汪精卫展开了面对面的斗争。在汉口华商总会中央党部的会议室里，她当面斥责汪精卫违背孙中山三大政策的言行，警告他不要再做亲者痛仇者快的事情。当国民党的一些军事首领致电武汉政府要求反共并驱逐鲍罗廷时，她十分气愤地说："鲍罗廷是总理聘请来的，你们没有资格驱逐他。"

宋庆龄的原则立场使反动军人恼羞成怒，何键的三十五军竟搜查了她的住宅。宋庆龄对此异常气愤，写了一封致汪精卫的信严加责问。

7月14日，汪精卫步蒋介石的后尘，在武汉召集秘密的反共会议。宋庆龄拒绝参加。陈友仁作为她的代表在会上说："孙夫人反对分共，因为革命有这样大的成绩，都是由于执行了孙先生的三大政策。抛弃三大政策，就必然要向帝国主义和蒋介石屈服。"孙科听后跟陈友仁大吵。会上正式决定和共产党分裂。7月15日，汪精卫在《汉口民国日报》发表题为《夹攻中之奋斗》一文，扬言既反对"反叛的蒋介石"，同时又与共产党"实行决裂"。实际上，此时的汪精卫反蒋是假，反共是真，他急于寻求的，是一条既能取得蒋介石谅解而又能保住自己体面的道路。

在蒋介石跟汪精卫进行的这场政治交易中，宋子文就是暗中牵线的掮客之一。9月5日，国民党中央举行第四次全体会议，宁汉正式合流，汪精卫一反反蒋的姿态，吹捧蒋是先知先觉，自劾"对于共产党徒防制过迟"，表示愿意"听候处分"。1927年7月，汪精卫在武汉以"分共"的名义同共产党决裂。宋庆龄后来对人说："汪精卫这个人是两面派！你们懂吗？两面派！"她将手心手背来回地翻转着比画，生怕别人听不懂她那浓厚的上海口音。又说道："汪精卫欺骗了我，欺骗了我们。这个人很狡猾，他要走蒋逆子的那条路。我和董老，还有毛泽东同志和其他一些同志和他斗得很厉害。"①

当武汉上空黑云乱翻的时候，宋庆龄陷入了深深的思索。她回顾了武汉政府执政的短短五个月中所做的几件大事，比如发展工农运动，建立拥护三大政策的省、市、县党部，对蒋介石进行政治揭露与组织处理，还有收回汉口和九江的英租界……在那些令人缅怀的日子里，武汉革命政府的命令不仅在广大地区发生效力，并且达到了社会的各个阶层。非但工人、农民、商人和工业家都服从武汉政府，而且国内外的帝国主义者也不得不俯首听从。当前革命受阻，但是，决不能因此就与三大政策背道而驰，使革命政党丧失了革命性，蜕变成扯起革命旗帜而实际上拥护旧社会制度的团体。她信心百倍地对美国记者安娜·路易斯·斯特朗说，武汉局势表面上的混乱是暂时的，经过大革命锻炼和组织起来的工农革命力量依然坚强有力，朝气蓬勃，革命呼声很快就会响遍全世界。

在汪精卫决定正式分党的当天，宋庆龄发表了《为抗议违反孙中山的革命原则和政策的声明》，谴责蒋介石和汪精卫背叛革命的罪行。声明中，宋庆龄首先以国民党中央执行委员的身份严正指出，"本党若干执行委员对孙中山的原则和政策所作的解释"，"是违背了孙中山的意思和理想的"。因此断然宣布，"对于本党新政策的执行，我将不再参加"，"我只有暂时引退以待更贤明的

---

① 任云：《浴血以求光明 奋斗以求真理——忆宋庆龄同志谈她1927年在武汉的战斗》，载《湖北日报》1981年6月3日。

政策出现"。她还明确指出:"孙中山的政策是明明白白的。如果党内领袖不能贯彻他的政策,他们便不再是孙中山的真实信徒;党也就不再是革命的党,而不过是这个或那个军阀的工具而已。党就不成为一种为中国人民谋未来幸福的生气勃勃的力量,而会变成一部机器、一种压迫人民的工具、一条利用现在的奴隶制度以自肥的寄生虫。"她在声明的结尾豪迈地宣布:"我对于革命并没有灰心。使我失望的,只是有些领导过革命的人已经走上了歧途。现在本党虽然有些党员离开了孙中山手定的中国革命的道路,然而已站在本党旗帜之下的千百万中国人民,仍将遵循这条道路以达到最后的目的。"

宋庆龄的这份声明,像一道耀眼的闪电,划破了浓厚的阴霾,使一时茫然不知所措的人们看到了亮光。湖北全省总工会和其他进步团体在全城张贴"拥护孙夫人宣言"的标语。汪精卫命令卫戍司令部以影响治安为名将标语悉数扯掉。然而,宋庆龄作为孙中山事业坚定捍卫者的形象却已牢牢矗立在革命人民的心中。[①]

[①] 据陈友仁1927年6月11日致宋庆龄信,可知宋庆龄已通过他跟中国共产党方面取得了联系。中共方面认为,宋庆龄一直忠于孙中山先生开创并为之献身的伟大事业,虽然孙中山已去世,但他巨大的精神力量一直激励着宋庆龄。

我将踏着革命者的足迹继续前进，
这是缅怀我们领袖的唯一道路。
我在这条道路上决不回头。

———

宋庆龄

第十六章

在世界革命力量的心脏莫斯科

1927年8月下旬的一天，凌晨3点，上海法租界的林荫道上黑黝黝的。宋庆龄乔装成贫妇模样，在一位瘦小的红发女郎、美国女记者雷娜·普洛美的陪同下，悄悄溜出了位于莫利哀路29号的寓所。在离家不远的法国公园附近，她们乘坐一辆苏联驻沪领事馆事前安排好的小汽车，驶向漂浮着垃圾污物的黄浦江畔。到达码头后，司机把这两位妇女送上了一条小舢板。舢板上的水手像参加接力赛的选手，熟练地划动颠簸的小船，穿过十几艘挂着五颜六色外国国旗的军舰，经过三小时的航行，把她们送上了一艘停泊在吴淞口的油漆斑驳脱落的苏联货船。不久，出生在特立尼达的武汉国民政府外交部部长陈友仁以及他的两个漂亮的女儿约莲达和西尔维亚也被苏联使馆人员送上了这艘货船。跟他们同行的，还有武汉国民政府外交部顾问吴之椿教授。在早晨的浪潮中，这艘轮船劈开江面，急速向海参崴驶去。从此，经历了大革命失败的宋庆龄毅然抛弃了只要放弃原则就能获取的荣华富贵，为自己选择了一条艰苦动荡的革命道路，先后在苏联和德国度过了近四年的流亡生活。

宋庆龄这次访问苏联，有三个预定的任务。第一，向苏联人民致谢，感谢他们对中国第一次国内革命战争给予的同情与合作。第二，要使全世界明了，窃取了革命胜利果实的蒋介石新军阀集团已经违背了孙中山的三大政策，堕落为帝国主义和封建势力的臣仆。他们并不能代表国民党中的革命派，也不能代表中国的革命群众。第三，实现孙中山未及实现的最珍贵的愿望——亲自到莫斯科跟苏联朋友会谈。孙中山去世之前，曾叮嘱宋庆龄代表他，也是代表中国的革命群众，到十月革命的故乡进行访问。

当时去往苏联一共有三条路线。一是从哈尔滨转中东铁路。但是，从上海到哈尔滨有千里之遥，满洲又被张作霖所控制，旅途很不安全。二是转道欧洲去莫斯科——这条路线更远，因而旅费更为昂贵，这显然也不合适。三是从上海搭苏联货轮到海参崴，改行陆路。比较起来，这对于宋庆龄来说是一条最为恰当的路线。宋庆龄于1927年7月底乘英商太古公司的轮船从汉口抵达上海之后，就一直为这次旅行进行精心安排。经过半个多月的准备，由《人民论坛报》（武汉政府办的英文日报）主编雷娜·普洛美女士直接出面跟苏联驻沪总领事馆接洽，终于达到了目的。

海参崴，在历史上曾经并入清王朝的版图，咸丰年间割让给沙俄，易名为符拉迪沃斯托克，后来成为苏联东方的重要军港和贸易中心。西伯利亚铁路的终点就在这里。

8月27日，宋庆龄一行6人从海参崴的码头登岸后，受到了第三国际人员的热情接待和苏联人民的真诚欢迎。当时，侨居海参崴的华人占全部人口的三分之一，无论在车站、街道、旅舍都能看到自己的同胞，这使宋庆龄在异国的土地上减少了一些思乡的愁苦。

海参崴至莫斯科的铁路，长达7400公里，路线弯曲，地势崎岖。经过3天的行程，火车驶到了西伯利亚东部的重镇——赤塔。纵贯我国东北的中东铁路即在此接轨。在赤塔车站，宋庆龄一行受到了当地青年男女的热烈欢迎。宋庆龄从这群在十月革命的风暴中成长的一代青年身上，看到了苏联的远景，看到了一种比军队或战舰更为强大的力量，同时也感到中国革命也正需要这样的青年。

从赤塔继续西行，呈现在眼前的是绿波荡漾、水天一色的贝加尔湖。在餐车上，宋庆龄品尝了味道鲜美的贝加尔湖白鱼。在贝加尔湖畔，曾经留下无数被流放的革命者的足迹。尽管革命可能一时受挫，革命者可能备受摧残，但历史的车轮终究是不可逆转的。十月革命的成功不就有力地证明了这一点吗？

行至贝加尔湖南端，火车靠站，宋庆龄一行走下车厢，活动一下因长途旅行而疲乏的身体，并借机欣赏一下这个位居世界之冠的深水内陆大湖。在湖滨，宋庆龄一行看到一座兀立的用耐火砖砌成的小神龛。据说这是西汉大臣苏武牧羊北海之滨时的栖身处。苏武离开人间已经两千多年，但他历尽艰辛、留居匈奴19年而持节不屈的崇高节操却光照千秋，激励后人。

列车继续西行，抵达了西伯利亚的首府伊尔库茨克。这座城市工厂林立，车站建筑相当宏伟。在这里，宋庆龄一行又受到了当地群众和政府官员的欢迎。9月7日，列车终于到达了此次旅行的终点——莫斯科。

在莫斯科雅罗斯拉夫斯基车站，宋庆龄一行受到了苏联政府副外交人民委员李维诺夫、妇女领袖哥伦泰夫人以及莫斯科苏维埃代表等人的欢迎。欢迎队伍中还有苏联的工人、集体农庄庄员、党政机关干部和在苏联学习的中国留学生。乐队高奏《国际歌》。人群中发出

1927年9月7日,宋庆龄抵达莫斯科火车站,
受到苏联政府代表和各界群众的热烈欢迎。

雷鸣般的欢呼声。宋庆龄身穿旗袍,外面套一件黑呢大衣。她恬静地微笑着,脸颊显出了深深的酒窝,频频向将她包围得水泄不通的欢迎者招手。出站后,宋庆龄乘坐苏联外交部专门调拨的汽车,赴莫斯科红场对面的豪华富丽的大都会饭店——凡是苏联政府的客人,到莫斯科访问时都在这里下榻。不久,宋庆龄和普洛美搬到有着大理石楼梯和雕花房门的糖业大厦居住,把大都会饭店原来的房间做她的办公室和会客室。陈友仁一家仍然住在大都会饭店的11号套间。正如同大都会饭店虽有阔绰的摆设但也有臭虫的困扰一样,宋庆龄在糖业大厦的卧室虽然十分宽敞,却显得幽暗、冷清,因为过于高

大,给人以空空荡荡的感觉。

宋庆龄在莫斯科逗留期间,于9月19日发表《中国目前的形势》一文,分析了当时中国的形势,坚信中国共产党领导的武装起义使"中国将要得到自由"。理由是"中国的人民都已经觉醒了",因此这些暴动不仅"表示了一个不可征服的民族的高度决心",而且"保证了表面混乱的目前阶段将要过去,中国将要得到自由"。她所说的暴动包括了1927年8月1日中国共产党领导和发动的南昌起义,因为南昌起义胜利后,她被推举为南昌起义革命委员会7人主席团成员,并和毛泽东、邓演达等联名发表了《中央委员宣言》。这个宣言,一方面指出南京的蒋介石和武汉的汪精卫等曲解三民主义,背叛国共合作,毁弃联俄、联共、扶助农工的三大政策,已经成为孙中山事业的罪人;另一方面又号召一切革命者团结起来,继承孙中山革命遗志,"继续为反帝国主义与实行解决土地问题奋斗"。她以深邃的眼光预见星星之火可以燎原,说:"目前,这些暴动似乎是分散的,这里一起,那里一起。但是酿成这种暴动的酵母却遍布国内各地。从遥远的华南到长城内外都将沸腾起来。"①

此外,宋庆龄还为苏联共产主义青年团的机关刊物《年青一代》撰写了文章,在塔斯社和《真理报》发表了向苏联工人致敬的声明,给全苏妇女苏维埃第一次全国

---

① 宋庆龄:《中国目前的形势》,载《宋庆龄选集》(上卷),人民出版社1992年版,第60—62页。

代表大会写了贺信……

她还应邀访问了位于阿罗罕街的中山大学——国外第一所以孙中山的名字命名的大学。宋庆龄用上海话发表了讲演。她说:"我在中山大学看到有这么多虔诚的年轻人,竭尽心力为实现三民主义而努力,真是衷心感佩。大家要永远牢记:我们是孙中山的信徒,又曾在以他的名字命名的大学受过训练,千万不要忘记孙中山最宝贵的遗训就是三民主义和三大政策,即联俄联共和扶助农工。只有在实现三大政策之后,实现三民主义的动力才能得以增加,国民党才能得以新生。"这次演说,给当时在场的学生留下深刻印象,他们都称赞宋庆龄是位有本事的演说家,是一位了不起的女性,不愧为孙中山先生的忠实继承者和勇敢捍卫者。

11月7日那天,宋庆龄应邀赴红场参加十月革命10周年的庆典。那天正下着雪,极其寒冷。宋庆龄缺乏经验,仅穿了一双薄底皮鞋。她虽然双脚冻得疼痛异常,但她以极大的热忱一直咬牙坚持着,在观礼台上足足站了5个小时。这次游行的壮观场面,给她留下了难忘的印象。

在莫斯科,宋庆龄、陈友仁还跟比他们早二十天抵达这里的邓演达就中国革命问题交换了意见。邓演达是孙中山新三民主义的竭诚拥护者和实行者,也是宋庆龄的亲密战友。他曾经担任国民革命军总司令部政治部主任、国民党中央政治委员会委员、中央军事委员会主席团成员和中央农民部部长。大革命失败后,他化装成工人,秘密离开武汉,经榆林、包头,穿沙漠,越西伯利亚,于8月15日

1927年10月,宋庆龄在高加索同邓演达(右二)、王人达(右一)、鲍罗廷(左一)合影。

到达莫斯科。宋庆龄、陈友仁跟邓演达会谈后一致认为:为了不中断中国革命,有必要成立一个临时性的革命领导机关——中国国民党临时行动委员会。其任务是:宣告蒋、汪国民党中央的罪恶,终止其职权;筹备召集各省市代表大会,选出临时中央执行委员会,以行使中央执行委员会职权;筹备国民党第三次代表大会,以解决有关革命问题。根据这一精神,邓演达于11月1日起草了《对中国及世界革命民众宣言》,以宋庆龄、陈友仁和他三人的名义发表于《革命行动》第一期。

宋庆龄在从事繁忙的政治活动之余,还曾到彼得罗夫斯基公园观看军事演习,到莫斯科大剧院观看格利埃尔新编的芭蕾舞剧《红罂粟》。有一天下午,宋庆龄跟文森特·希恩和雷娜·普洛美一起，悄悄到一家电影院看电影。在正片开始之前，放映了宋庆龄抵达莫斯科的纪录片。宋庆龄的形象在银幕上出现之后，她显得越来越紧张，唯恐被周围的观众辨认出来。不知不觉间，她撕碎了一条小手绢。①

宋庆龄久久难以忘怀的，还有她在莫斯科期间跟加里宁及其夫人结下的真挚友谊。宋庆龄对苏联的革命元勋、联共中央政治局委员加里宁怀着深深的崇敬之情。加里宁留着山羊胡，背微驼，斑白的眉毛下闪动着一双温和慈祥的眼睛。宋庆龄亲昵地称之"加里宁爸爸"。宋庆龄也特别喜欢留着齐耳短发的胖胖的加里宁夫人——叶卡捷琳娜·伊万诺夫娜。闲暇之时，她常常来到离莫斯科市区约有四十公里的阿尔汉格尔斯克村，拜访这两位像农民一样淳朴的老布尔什维克。加里宁夫人亲昵地抱着宋庆龄在别墅前的草地上打过滚，也曾跟她裹着一条毛毯，乘着三匹灰马驾辕的雪橇沿着别墅庄园滑行。1952年底，宋庆龄率中国代表团出席在维也纳举行的世界人民和平大会道经莫斯科时，还曾特意找寻过24年前她跟加里宁夫人欢聚过的地方。

不过，宋庆龄在莫斯科逗留期间留下的并非都是美好的记忆。在个人生活方面，她也经受了三次严重的打击。

第一次打击是对她人格的玷污和诽谤。10月间，美国某些无良记者在读者众多的《纽约时报》上散播关于

---

① 参见［美］文森特·希恩（Vincent Sheean）:《个人的历史》（Personal History），Doubleday, Doran 1935年版，第269页。

*
1927年，宋庆龄在莫斯科与加里宁夫人合影。

宋庆龄的"桃色新闻",暗指她正考虑跟陈友仁结婚。这个消息把宋庆龄气病了,以致整整三个星期她都缠绵于病榻。因为这类消息是极容易迎合一部分读者的低级趣味的。这不但损害了她作为孙中山遗孀的身份,而且也扭曲了她到莫斯科访问的政治目的。

　　第二次打击是好友雷娜·普洛美的突然病故。11月11日,普洛美还曾穿着宋庆龄赠送她的金丝料旗袍为访苏的美国作家文森特·希恩饯行,但第二天在访友时却突然晕倒。次日再次突然晕倒,被送进医院治疗。医生诊断她得了肺结核。宋庆龄每天都去探望她在莫斯科的这位好友。11月21日,普洛美因治疗无效而突然去世。尸体解剖的结果表明,普洛美得的并不是肺结核,而是脑膜炎。11月22日,脸色苍白的宋庆龄身披黑色斗篷参加了普洛美的葬礼。这天的天气跟宋庆龄的心情一样阴冷,友人们再三动员久病新愈的宋庆龄乘坐汽车,但她坚持在纷飞的大雪中步行,直至把普洛美的遗体送到莫斯科郊外新建的火葬场。

　　第三次打击是宋美龄与蒋介石举行了婚礼。早在1921年12月底,蒋介石通过孙中山向宋庆龄表达他想跟宋美龄结合的愿望。宋庆龄当即断然拒绝。她说:"宁可看到妹妹死,也不愿意让她嫁给一个在广州城内至少有一两个情妇的男人,虽然他名义上还没有结婚。"①后来,宋庆龄又向访问她的斯诺说:"这一婚姻的双方都

---

① [美]埃米莉·哈恩:《宋氏家族》,新华出版社1985年版,第131页。

是出于投机，其中绝无爱情可言。"①然而，1927年12月1日，也就是在"四·一二"反革命政变7个月之后，宋美龄却身穿银色长裙礼服，手捧玫瑰花束，在上海大华饭店跟蒋介石举行了豪华的婚礼。最使宋庆龄痛心的是，原来反对这门亲事的母亲竟然改变了态度，而大姐霭龄成了这场政治联姻的积极策划者。结婚典礼上悬挂的孙中山的大幅画像表明，孙中山的崇高威望不幸被政治阴谋家利用了。宋庆龄醒悟到，前不久报界散布她的流言蜚语，原来是为了给蒋介石和宋美龄的结合扫清道路——通过把她描绘成孙中山的背叛者，将蒋介石打扮成孙中山的继承人。

为了进一步揭穿蒋介石的假象，宋庆龄在莫斯科通过打电报的方式跟他展开了一场激烈的交锋。1927年12月，蒋介石悍然决定同苏联政府断交，并将这件事电告宋庆龄。宋庆龄于12月17日回电，痛斥蒋介石的这一倒行逆施无异于"自杀行为"，要求他"悬崖勒马"。蒋介石于18日再次来电，污蔑宋庆龄是不了解情况而妄加评论，并含沙射影地指责宋庆龄是在苏联政府的胁迫下行事。宋庆龄收到这封电报后怒不可遏，在23日的复电中对蒋介石的谰言再次严予驳斥。电文说："我留在世界革命力量的心脏莫斯科是自愿的，就如同我的访问是一种对国民党领导人的反革命政策的自愿的抗议一样。说我似乎是在别人的迫使下行事，这完全是诽谤

---

① ［美］埃德加·斯诺：《斯诺文集》第一卷，新华出版社1984年版，第100页。

和对我过去所做工作的侮辱。这种诽谤,再一次说明你疑神疑鬼,它妨碍你正确地考虑问题,使你作出了致命的决定……这次互通电报证明,我们之间交换看法是毫无意义的,因为我们之间的分歧犹如一道鸿沟。你同苏俄断绝关系(保持与苏俄的友谊是孙中山遗嘱中竭力主张的政策),然而,你却完全无意同帝国主义列强断绝关系。不仅现在称为国民党执行委员会的这个机关已经成了帝国主义的同谋,而且包括你在内的国民党首领们甚至同派到殖民地中国的讨伐军的头目们保持着密切接触。"针对蒋介石劝她归国的圈套,宋庆龄大义凛然地表示:"如果我回国的话,那也只是为了参加工农斗争。""我将踏着革命者的足迹继续前进,这是缅怀我们领袖的唯一道路。我在这条道路上决不回头。"[1]

---

[1] 宋庆龄:《再致蒋介石电》,载《宋庆龄选集》(上卷),人民出版社1992年版,第68—69页。

我必须表白自己的信念,
至于我个人会遭到什么后果,
那是无关紧要的。

——

宋庆龄

第十七章

侨居柏林,为奉安大典回国

1927年12月初，宋庆龄决定离开莫斯科，以治疗眼疾为名侨居德国柏林。她采取这一行动是经过深思熟虑的。原因大致有以下几点：一、苏共党内正进行清洗托洛茨基派的激烈斗争，当年跟孙中山接触的一些苏共人士作为托派受到整饬（越飞自杀，鲍罗廷死于狱中），在这种情况下，宋庆龄继续在苏联逗留实际上已发挥不了多大作用；二、纷至沓来的刺激使宋庆龄的神经性皮炎发作，奇痒难熬，到柏林就医有利于健康恢复；三、宋庆龄赴柏林后，陈友仁去巴黎暂住，这样就使得美国报纸的谣言不攻自破。临行前，斯大林在克里姆林宫的办公室接见宋庆龄，晤谈了一个半小时。宋庆龄对苏联政府的盛情接待表示衷心感谢，并表示中国国民党愿意跟中国共产党继续合作，共同完成国民革命。她说这番话的时候，斯大林一直默默地抽着烟斗，而后表示：他希望宋庆龄、邓演达和陈友仁能早日归国，继续领导中国革命。这种空洞的言辞使宋庆龄感到失望。宋庆龄在1981年1月12日致爱泼斯坦的信中说："当我认识到斯大林不想继续帮助我们而听任蒋介石得逞时，我就不再在莫斯科多待了。"

12月底，国际反帝同盟在比利时首都布鲁塞尔召开大会。宋庆龄虽然是该组织的发起人和名誉主席，但却受到冷遇，未被邀请莅会。①1928年5月，宋庆龄带着简便的行装离莫斯科赴柏林。苏联政府教育部部长哥伦

---

① 据当时比利时的报纸报道，宋庆龄没有到会，只是发去一份电报。

泰夫人和陈友仁一家到车站送行。此后，她作为政治流亡者，在柏林度过了三年多的隐居生活。据1925年5月5日德国国家公案检查委员会主席致普鲁士内政部的公文，和1928年7月2日柏林警察局长给普鲁士内政部部长的报告，德国政府已了解到宋庆龄是"国际工人救援组织的中央委员，她在中国的国民运动中站在共产党一边"，故派警察对宋庆龄在德国的活动进行秘密监视。

柏林是个市容整洁、建筑雄伟的历史名城，但由于德国在第一次世界大战中遭到失败，又在1929年发生了经济危机，因而呈现出颓废而萧条的景象。在绿荫夹道的马路旁，随处可看到乞丐靠用小提琴演奏世界名曲或用打火机替行人点烟的方式行乞。在灯红酒绿的餐馆，女招待穿着薄如蝉翼的短裤供人玩乐，换取菲薄的报酬。据外国记者报道，宋庆龄当时的穷困处境也是令人惊讶和不安的。

每天早上，宋庆龄简单地吃几片面包，喝点牛奶或咖啡；下午1点左右，她常乘顾客不多的时候到中国餐馆吃每份1马克的份饭——在大米饭上浇一点蔬菜，外加几小块牛排或猪排，上海叫作公司菜；晚上则在位于里城堡大街7号的寓所随便吃点东西。美国哥伦比亚广播公司以为有机可乘，委派记者文森特·希恩到柏林邀请宋庆龄作广播演说，称宋庆龄只要每次讲几分钟，连续讲几次，就可获酬金5万美金。这份报酬无疑是相当优厚的，但是宋庆龄清楚，这绝不单纯是商业性的交易，美国政府的真实用心，是希望她能讲几句支持蒋介石的话，至少默认蒋介石政权的合法性。宋庆龄断然拒

＊
宋庆龄回国参加奉安大典前摄于欧洲。

绝了邀请，甘愿过着清贫的生活。

宋庆龄在柏林的寓所是保密的。据陈友仁之子陈丕士回忆："她在德国的住所是在离柏林不远风景如画的近郊，邓演达和廖承志常去看她。那时我去德国，常去看望她。"①

邓演达在苏联逗留期间，跟第三国际领导人在中国革命问题上发生了严重分歧。他在公开讲演中表示："中国人民欢迎共产国际的友好支援，但是中国革命却完全是中国人民的事，要由中国人民做主，不能受共产国际摆布。"因此，他在苏联成了不受欢迎的人，人身安全一度受到威胁。来到德国后，邓演达勤奋学习革命理论，广泛进行实地考察，他还在流亡柏林的国民党左派人士中组织了一个学会，认真总结中国革命的经验教训。有一段时间，邓演达几乎每天上午都到宋庆龄的寓所，向她报告国内情况，研究讨论土地问题和农民问题。其时黄琪翔、郑太朴等先后来到柏林，共同参与商议。1929年，邓演达在致郭冠杰的一封信中说："关于继续中国革命的事，已和孙夫人（宋庆龄）、陈友仁先生讨论多时，有了具体的结论。此后我们的革命工作，仍应注重农民问题，解决土地问题，以建立我们的革命力量。政治、军事工作，都应当建立在这种力量上面。望努力推进这方面的工作。"②

---

① 陈丕士：《回忆宋庆龄》，载香港《大公报》1981年6月7日。
② 丘挺、郭晓春：《邓演达生平与思想》，甘肃人民出版社1985年版，第139页。

邓演达当时希望建立一个新党——中华革命党（农工民主党的前身），继续领导中国革命。宋庆龄对邓演达的见解多表赞同。她在《纪念邓演达》一文中说："因为他（邓演达）对于历史、经济、哲学等科全有渊博的知识及敏锐的识断，使接近他的人，都能获极大的教益，并更深切了解中国革命前途可能遭遇的种种问题。他分析世界大势和其他相互间的关系，是那般的清楚而一无疑点，解释中国国民党的前途，又实实在在是处处引人叹服。"除研讨革命问题外，宋庆龄还请邓演达帮她提高中文的阅读水平和写作水平。邓演达从留德的中国进步学生中借来《新青年》《向导》等刊物，从中选出李大钊、陈独秀、恽代英等人的文章作为教材，使宋庆龄的汉语水平在短时间内有了明显的提高。

为了认真思考革命救国之路，宋庆龄平日沉湎于书籍之中，也会与友人通过书信交流思想。1928年8月21日，宋庆龄在给杨杏佛的信中第一次谈到了对共产党的认识："既然你已最终认清了国民党已不再是一个革命组织，那你与它越快断绝关系越好。可能共产党员是对的——只有他们的党能实行孙博士的主义。"[①] 几年后，宋庆龄又以一种欣慰的语气在信中告知杨杏佛："廖夫人的儿子（即廖承志）现在也是一个共产党员，她的女儿（即廖梦醒）已回中国和一个党员青年结婚。有趣的是，南京政府官员中的后代已有一半投入共产主义的怀抱。"

---

① 宋庆龄:《致杨杏佛》，载《宋庆龄书信集》（上），人民出版社1999年版，第58页。

宋庆龄在柏林隐居期间，化名为林太太，一般人（包括房东在内）都不知道她的真实身份，但一些从前结识的外国朋友有时要求前来拜访她。对于这种接触，宋庆龄保持了高度的革命警觉。有一次，燕京大学校长司徒雷登从美国返回北京，取道欧洲，要跟宋庆龄会晤。尽管司徒雷登是宋家的老相识，但鉴于当时的美国政府支持蒋介石政权，宋庆龄便以身体不适为由谢绝，仅派人赠送了一帧她跟孙中山的合影。虽然宋庆龄避而不见，以免司徒雷登歪曲她的政治见解，把自己的观点强加于她，但司徒雷登后来还是编造了他跟宋庆龄在柏林会见的回忆，说什么宋庆龄"断定俄国的共产主义不是医治中国弊病的灵验药方"。当时德国的在野党社会民主党也想跟宋庆龄接触。宋庆龄没有直接出面，而是委派邓演达跟他们会谈。由于彼此意见分歧较大，没有取得积极成果。国民党政府的驻德使馆也要派人拜会宋庆龄，被宋庆龄断然拒绝。她说，这些外交官代表的是屠杀工农民众和爱国人士的刽子手集团，因此根本不配来会见她。

当时留学德国的中国学生中，有些是孙中山学说的信徒，宋庆龄和邓演达接见过他们，勉励他们刻苦学习，尽快掌握西方的先进科学技术，为将来建设繁荣昌盛的新中国做好知识方面的准备。

中国共产党在德国也有秘密的党小组，其中有人对宋庆龄非常敬重，跟她保持亲密交往；但也有人受国内的"左"倾机会主义路线影响，盲目轻视一切非共产党人，因此对流亡海外的宋庆龄缺乏正确认识，个别人甚至认为国民党左派是比右派更危险的敌人，因为他们还能欺骗群众。这就妨碍了侨居德国的中国革命者之间的团结，也损害了柏林小组内部的团结。

在德国，宋庆龄跟她的亲属有过两次接触。1928年6月下旬，宋庆龄的三弟宋子安从美国哈佛大学毕业，获学士学位，归国时特意绕道柏林看望他的二姐。宋庆龄特别疼爱宋子安。姐弟阔别四年之后在异乡重逢，感到异常兴奋。宋庆龄陪同宋子安在柏林尽情地游玩。他们参观了柏林大学及其图书馆，游览了风景秀丽的蒂尔公园。五天后，她又陪同宋子安到汉堡，亲自把他送上开往上海的邮轮。

九个月之后，宋庆龄在德国会见她的第二位亲属——二弟宋子良。由于这次会见有特殊的政治背景，气氛因而跟前次迥然不同。

1929年5月，耗费一百多万元的中山陵建成，国民党政府准备把孙中山的遗体从北京西山墓地移往南京紫金山。蒋介石妄图通过这一大张旗鼓的行动进一步利用孙中山的威望，同时诱使宋庆龄归国，把她当作招牌去欺骗公众。在蒋介石的敦促下，宋家派宋子良赴柏林迎接宋庆龄，并劝她答应不公开发表反对国民党政府的声明。

宋庆龄决定参加孙中山的奉安大典，但拒绝了宋子良转达的政治条件。她斩钉截铁地回答宋子良："是宋家为中国而生存，不是中国为宋家而生存。"

为了粉碎蒋介石的阴谋，宋庆龄5月6日在柏林发表了《关于不参与国民党任何工作的声明》。她说：

在国民党的政策完全符合已故孙逸仙博士的基本原则之前，我不能直接或间接地参与该党的任何工作。已故孙逸仙博士的学说的基本原则是：

一、反对帝国主义侵略中国。

二、与中国唯一真正的革命朋友苏联密切合作。

三、实现工农政策。①

5月下旬，宋庆龄离开德国，搭乘横贯西伯利亚的火车先到哈尔滨，而后抵达北京。一路上，宋庆龄每到一站都受到了各方面人士的热烈欢迎，她也利用这一机会向她所遇到的每个新闻记者揭露蒋介石对国民革命的背叛和对孙中山学说的歪曲。5月22日，宋庆龄到香山碧云寺亲视孙中山遗体重殓易棺。26日，孙中山灵榇南下，28日抵达南京。6月1日，奉安典礼正式举行，蒋介石俨然以孙中山继承人的身份主祭。就在这一天，《密勒氏评论报》刊登了宋庆龄在柏林发表的声明，给得意忘形的蒋介石当头一棒。

在又热又潮的南京度过了参加孙中山葬礼的痛苦时刻，宋庆龄回到了上海莫利哀路的寓所。她闭门谢客，即使跟宋家的人也不来往。8月1日，沉默了整整两个月之久的宋庆龄又向蒋介石开了一炮。这一天，宋庆龄在国民党特务的严密监视下给柏林反帝大同盟拍发了一

---

① 宋庆龄：《关于不参与国民党任何工作的声明》，载《宋庆龄选集》（上卷），人民出版社1992年版，第72页。

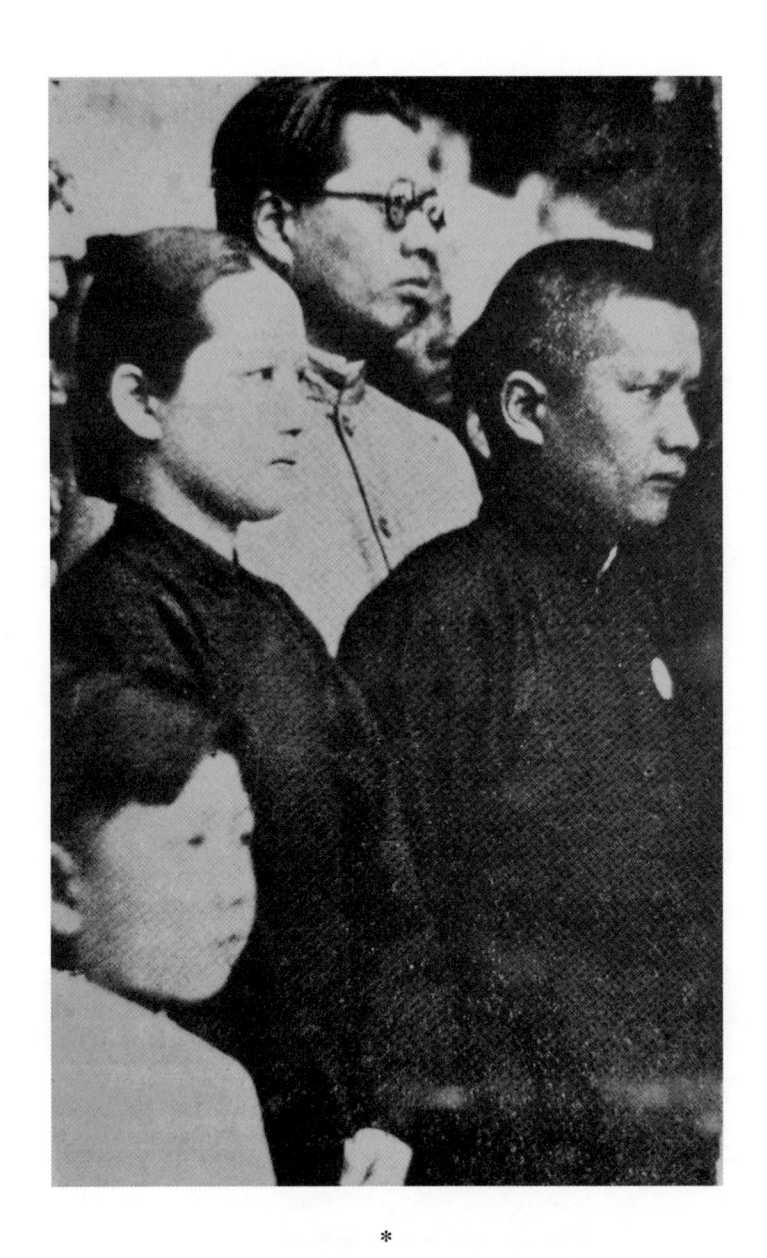

*
1929年5月底,宋庆龄在南京浦口迎接孙中山灵柩。

236

份英文电报,再次谴责南京反动政府已不可避免地堕落成为帝国主义的工具,并号召中国人民以战斗来保卫革命。这份电报很快被译成中文和日文。有人爬上位于上海市中心的先施大楼屋顶,散发了印有这一电文的传单。特务把宋庆龄用英文打字机打字的声音说成是向莫斯科拍发密电,妄图加害于宋庆龄。宋庆龄坦然地说:"自从我发了电报以后,心里感到痛快多了。我必须表白自己的信念,至于我个人会遭到什么后果,那是无关紧要的。"

8月10日,戴季陶奉蒋介石之命前来刺探宋庆龄的消息。为了把这次政治性拜访伪装成纯粹社交性拜访,戴季陶还特意带着他的妻子。经过一段寒暄之后,戴季陶的妻子问宋庆龄为什么还不去南京。宋庆龄反问道:"孙中山的葬仪已经结束了,我为什么要到南京去呢?"戴季陶妻子伶牙俐齿地说:"中山陵真是美丽,您的住宅里的一切设备都布置好了,我们都愿意您到那里去。您在南京可以生活得快活一些,而且也能就近对政府做出贡献。"宋庆龄直率地答复她说:"假如快乐是我的目的,我就不会回到这样痛苦的环境里面,况且我对于政客的生活很不适应。我在上海都没有言论自由,难道到南京之后就可以得到自由吗?"这时戴季陶再也沉不住气了,他从口袋中摸出一张印有宋庆龄电文的传单,用威胁的语调说:"这是一件很严重的事情。我真不大相信,像您这种地位,竟然在电报中采用了共产党捏造的材料,这实在有点不可思议。"宋庆龄正气凛然地回答道:"这是唯一诚实的态度,即使孙先生处于这种环境之下，也是要取这种态度的。你散布谣言把我的电报视作共产党的捏造，这未免太昏愦了。我有权可以证明，电文一字一句都是发自我的内心。"戴季陶气急败坏地高声说："孙夫人，我希望你不要再发表宣言。"宋庆龄也提高了嗓音正告他："你们使我不说话的唯一办法，只有枪毙我，或者监禁我，否则，这简直就是你们承认了你们所受的指摘并不冤枉。"①

"电报事件"以戴季陶在这场舌战中惨败而暂时结束。

1929年9月21日，宋庆龄再度离沪赴欧，其间积极参与了国际反对帝国主义侵略和保卫和平运动。1930年6月，廖仲恺夫人何香凝由廖承志陪同从巴黎来到柏林——廖承志当时受党派遣，在德国国际海员工会工作，曾领导中国海员罢工取得胜利。何香凝此行的目的，一是要再度跟宋庆龄团聚，二是要考察一下德国的情况。宋庆龄热情地陪同何香凝参观德国博物馆，游览柏林的名胜古迹，宋庆龄多次到何香凝寓所拜访这位革命老人，跟她谈论德国革命的历史，以及中国革命的前途。有时她们还一起去柏林的日本料理馆吃日餐，共同回忆在日本从事革命活动的峥嵘岁月。有一天，何香凝特意挥毫画了一幅《菊石图》，并题诗一首：

---

① 参见《与戴传贤谈话笔记》，载《宋庆龄选集》（上卷），人民出版社1992年版，第73—80页。这篇谈话是宋庆龄亲自用英文记录的。英文原稿发表在1929年10月20日燕京大学出版的《China Tomorrow》（《明日之中国》）第一卷第十二期上。1929年12月12日天津《大公报》发表了其译文。

唯菊与石，品质高洁；
唯石与菊，天生硬骨。
悠悠清泉，娟娟明月；
唯菊与石，品质高洁。

这幅画和这首诗，象征了宋庆龄高洁的品格与坚毅的性格。

虽然今天当权的反动势力在进行恐怖活动，
中国千百万真正的革命者必不放弃自己的责任；
反之，由于国家当前形势的危急，
他们将加紧工作，朝着革命所树立的目标胜利前进。

——

宋庆龄

第十八章

痛失挚友,发表《宋庆龄之宣言》

1931年7月23日，宋母倪珪贞在青岛的避暑别墅去世。宋庆龄怀着悲痛的心情回国奔丧。在忙于为母治丧之余，她一直惦念着比她早一年归国的战友邓演达，希望尽快跟他见面，共商革命大计。

邓演达于1930年5月归国进行地下革命工作。临行前，他向宋庆龄庄严表示："我们的斗争将是长期的、尖锐的且又残酷的。因为我过去毫不犹豫地向着腐恶斗争，譬如顽固的封建势力、机会主义，以及反动行为。因而在军政两方面全树了不少的仇敌。但他们不能阻挠我追随总理的步伐，我准备牺牲生命以赴，这次或是我们最后一次的聚会。"[①]宋庆龄对邓演达这种为革命置生死于度外的精神十分敬佩，称他为超群出众、得天独厚的革命家。令她万万没有料到的是，就在宋宅举丧的第一天，邓演达因叛徒出卖身陷囹圄。宋庆龄归国后的第十天，她又在报上看到了邓演达被押解到南京的消息。她心急如焚，多方打听消息，设法进行营救。

宋庆龄是一个笃于友情的人，一生中有很多忠实的朋友。邓演达是她的朋友中跟她关系最深者之一。在宋庆龄陵园管理处收藏的一封邓演达来信中，邓演达称宋庆龄为"庆龄姊姊同志"，自称"弟"，可见彼此情同手足。

邓演达是孙中山在南方创建的粤军的骨干，曾任黄埔军校训练部副主任和教育长。他坚决拥护孙中山的新三民主义和三大政策，在北伐战争中指挥了著名的武昌

---

① 宋庆龄：《纪念邓演达》，载《宋庆龄选集》(上卷)，人民出版社1992年版，第347页。

战役，并跟毛泽东合作致力于农民运动，以实现孙中山"耕者有其田"的主张。孙中山去世之后，宋庆龄和邓演达成为武汉国民政府的高层决策人物。国共合作破裂之后，宋庆龄、邓演达等国民党左派领袖先后流亡苏联、德国。邓演达文武双全、才华横溢、廉洁奉公、光明磊落，特别是对孙中山的主义和政策彻底了解，坚决贯彻，这些都使宋庆龄对他更加器重，更为敬仰。

回到上海后，邓演达曾主动找中国共产党谈联合反蒋问题，然而被李立三"左"倾错误路线主导的党中央领导机关却没有理睬他，拒绝同他合作。周恩来后来在《关于党的"六大"的研究》一文中指出：对邓演达采取这种态度是不对的，共产党应该在策略上同他联合，因为邓演达的"人格很高尚，对蒋介石始终不低头"。①

6月至7月，邓演达在上海进行了紧张的秘密活动，筹备组织中国国民党临时行动委员会，起草、讨论、修改新组织的政治理论纲领——《我们的政治主张》。在新组织的名称中冠以"行动委员会"，是为了跟国民党右翼划清界限；冠以"临时"二字，表明计划尽快夺取革命根据地，在新的革命根据地召开全国代表大会时，再行确定党的正式名称。由于当时白色恐怖严酷，彼此往来均有不便，邓演达就经常采取"人约黄昏后"的方式跟同志们接头：他们穿着中式长袍，一边在偏僻的马路上漫步，一边用英语开始交谈，使愚蠢的特务无计可施。

---

① 周恩来：《关于党的"六大"的研究》，载《周恩来选集》（上卷），人民出版社1980年版，第167页。

他们将这种昼伏夜出的活动方式称为"夜耗子生活"。

经过一段紧张的筹备,中国国民党临时行动委员会于8月9日在上海召开了成立大会。到会的有十个省、区的代表三十余人。邓演达主持了会议。会议一致通过了他起草的《我们的政治主张》,并推举他为中央领导机构——干部会的总干事。大会结束后,邓演达从上海到东北、华北等地考察,并举办干部训练班,组织黄埔同学会,以及进行军事策划。邓演达的积极活动,在国内迅速产生了广泛影响。南京、北京、广东、四川、福建、江西、江苏、浙江、武汉、山东、河南等十四个省市先后迅速成立了"第三党"的基层组织,特别是他邀集黄埔军校进步学生组织的"黄埔革命同学会",跟蒋介石的嫡系组织"黄埔同学会"相抗衡,对蒋介石构成了很大威胁。蒋介石对邓演达极为忌恨,悬赏30万元捉拿他。

1931年8月17日,邓演达出席在上海愚园路愚园坊20号举行的干部训练班结业式,宣讲国内外形势。与会者正听得入神,叛徒陈敬斋带领淞沪警备司令部的警探和公共租界总巡捕房包探突然闯入。邓演达立即明白了敌人来意,便挺身正色道:"这些都是我的朋友,我的事,不牵涉他们。要抓就抓我一个。"但敌人还是把邓演达和十余名同志押到英国巡捕房,关在一间只有一丈见方的临时囚室里。邓演达鼓励难友们打起精神来,看敌人有什么把戏。在巡捕房受审时,邓演达写下了一篇自述,简略介绍了他一生中的主要经历,并表明他的奋斗目标是反对蒋介石的军事独裁及官僚政治,希望造就真正人民的政府及独立的国家。

8月18日上午9时,江苏高等法院第二分院第一法庭对邓演达进行了审判。下面摘引一部分审讯记录:

审判长问:你赴愚园坊20号做什么?

邓演达答:与朋友聚会。

问:你们不是正开会吗?

答:在谈话。我对经济学是有相当研究的。昨日在讲中国的经济问题时就被捕了。

问:政府方面说你有反动行为,事实怎样?

答:批评现政府则有之,至于积极的反对,目前还没有举动。

问:警备司令部要移提你,有话讲吗?

答:我想站在大多数民众的立场去批评现政府,是好意的。集会自由、言论自由载在《约法》中,大中华民国应显法治精神。贵院有权可以裁判,何必到什么司令部。

接着审判长问辩护人意见。律师张志让和蔡六乘先后指出:首先,这是一个为中外人士注目的案件,如果将被捕者交警备司令部提去,将使外国人借口攻击中国的司法制度不良。其次,邓演达是研究经济的,昨天讲的是经济问题,全无"危害民国"之可言,他在公共租界内被捕,管辖权属于江苏高等法院,不应移送警备司令部。但审判长驳回了正当的辩护,仍宣布将邓演达移送白云观淞沪警备司令部侦察队囚禁。辩护人提出抗辩,又被审判长驳回。19日,上海警备司令部派人到法院将邓演达押走。

8月21日，邓演达被单独押解到南京，关在三元巷军委会内。临行前，他托人转告难友们：要努力学习，一天不死就要战斗。邓演达有一位学生叫许沅圃，也是"行动委员会"成员，他有一个排驻防在三元巷，每星期日晚轮到他的亲信卫兵值班。"行动委员会"认为可趁着许沅圃的亲信值班时营救邓演达，为此还筹措了5万元经费，作为卫兵眷属的转移费用。不料准备工作刚刚就绪，蒋介石又将邓演达移解到紫金山麓的一所空屋内（后来才知道是富贵山炮台废址），营救计划落空。邓演达被移解后，通过看守传出一张亲笔字条，上面用红铅笔写道："我已被移住紫金山的茅屋内，以后通信将不可能，愿做白发囚徒，同志们要继续为革命努力。"

蒋介石抓到邓演达之后，原觉得"杀之可惜，纵之可畏"，难以处置。但不久发生了"九一八"事变，汪精卫、孙科等人以蒋介石下野作为"共赴国难"的条件；同时，黄埔军校历届毕业生又联名要求保释他们的教育长——邓演达。忌惮于邓演达的影响力——受邓演达影响的黄埔各届学生至少有5000人。下野前夕的蒋介石下了决心：秘密杀害邓演达，以免动摇作为他统治根基的黄埔力量。1931年11月29日夜，蒋介石派他的卫队长王世和带领几名卫士赶到囚禁邓演达的地方，诡称要将邓演达转移到汤山。囚车开到南京城东麒麟门外沙子岗村时，司机佯装汽车抛锚，王世和要邓演达下车。邓演达刚走出车门，身后枪声突起，这位忠勇奋发的一代英杰成了蒋介石阴谋的牺牲品，终年仅有36岁。牺牲前，他还在狱中书写了一副对联："人生自当忙不息，天地原来未瞬留。"表达了他不断进取的人生观。

1931年底,邓演达被害的消息从何应钦处传出。宋庆龄将信将疑,于12月14日赴南京质问蒋介石,并强烈要求跟邓演达见面。①她不住国民党的官邸,而住在中山陵原来举行中山先生奉安大典的简陋的筹备处。她也拒绝乘坐国民党当局送来的小轿车,而坐一辆用灵车改成的小交通车。蒋介石原想敷衍一下宋庆龄,但最后实在无法掩盖,才被迫吐出了一句实话:"这个人你见不到了。"宋庆龄悲愤至极,一下子把茶桌掀翻,面斥蒋介石祸国殃民,蒋介石慌忙躲上了楼。

12月19日,刚从南京返沪的宋庆龄不顾旅途劳顿,立即奋笔疾书,用英文撰写了抗议杀害邓演达的著名《宋庆龄之宣言》②,然后由"行动委员会"中央直属区的负责人杨杏佛、谢树英合译成中文。《宋庆龄之宣言》严正指出:

> 当作一个政治力量来说,国民党已经不复存在了。这是一件无法掩盖的事实。促成国民党灭亡的,并不是党外的反对者,而是党内自己的领袖。

宋庆龄继而深刻揭露:

---

① 有资料说,宋庆龄曾通过监狱长胡逸民秘密探监,两人"挥泪而谈,时而激昂陈词,时而垂泪哭泣"。(载《新华日报》1981年6月3日)
② 此文最初在1931年12月20日《申报》刊载时题为《宋庆龄之宣言》。选入《宋庆龄选集》(上卷,人民出版社1992年版,第83—88页)时,改题为《国民党已不再是一个政治力量》。

国民党以反共为名来掩饰它对革命的背叛,并继续进行反动活动。在中央政府中,国民党党员力争高位肥缺,形成私人派系,以巩固他们的地位;在地方上,他们也同样剥削群众,以满足个人的贪欲。他们和一个又一个的军阀互相勾结,因而得以跃登党和政府中的高位。但是,忠实的、真正的革命者却被有意地百般挥打,以至于死。邓演达的惨遭杀害就是最近的例子。

宋庆龄一针见血地指出宁粤合流[①]的实质是"'和平'不过是和平地分赃,'统一'不过是对群众进行统一的掠夺"。并痛惜道:

> 我不忍见孙中山四十年的工作被一小撮自私自利的国民党军阀、政客所毁坏。我更不忍见四万万七千五百万人的中国,因国民党背弃自己的主义而亡于帝国主义。

她毅然表明:

> 既然组织国民党的目的是以它为革命的机器,既然它未能完成它所以被创造起来的任务,我们对

[①] 1931年5月28日,孙科、汪精卫、唐绍仪等人一度组织广州国民政府,与以蒋介石为首的南京国民政府分庭抗礼,后来又合流。宋庆龄认为双方是一丘之貉,不愿与之合作,也不愿居中调解。

它的灭亡就不必惋惜。

她坚决地相信：

> 只有以群众为基础并为群众服务的革命，才能粉碎军阀、政客的权力，才能摆脱帝国主义的枷锁，才能真正实行社会主义。

因而，她对革命胜利满怀信心：

> 虽然今天当权的反动势力在进行恐怖活动，中国千百万真正的革命者必不放弃自己的责任；反之，由于国家当前形势的危急，他们将加紧工作，朝着革命所树立的目标胜利前进。

这份宣言被印成传单广为散发，后又发表于12月20日的上海《申报》第17版。在宋庆龄的激励下，北平、天津等地举行了悼念邓演达的活动。不少人表示要响应《宋庆龄之宣言》中提出的"粉碎军阀，摆脱帝国主义枷锁，实行社会主义"的号召，化悲恸为力量，跟国民党反动派坚决斗争到底。

国民党左派人士彭泽民先生在《哭邓演达先生》诗中写道：

> 不为君吊为君歌，革命牺牲算什么？
> 一死能留天下法，愧他冠带自峨峨。

不到前线来看望你们，我心里总是不踏实，现在看到你们了，我就放心了。

——

宋庆龄

第十九章

支持十九路军抗战到底

1931年九一八事变后，日军侵占了中国东北三省。全国各阶层爱国人士看到大片国土迅速沦丧，政府屈辱退让，都痛心疾首，义愤填膺。群众性的抗日救亡运动在全国许多城市和村镇兴起。中共中央和中华苏维埃共和国临时中央政府多次发表宣言、作出决议，号召工农红军和被压迫民众以民族革命战争驱逐日本帝国主义出中国。1931年9月21日和24日，上海数万名码头工人先后举行反日大罢工，拒绝为日本船只装卸货物。南京、北平、天津、汉口等数十个城市的工人和其他劳动群众以集会请愿、募集捐款、禁售日货等形式，掀起抗日爱国运动的热潮。许多城市的工商业者也举行抗日集会，同群众一起开展抵制日货活动，给日本经济侵略以严重打击。

日本侵略者为了转移国际上对中国东北问题的关注，迫使国民党当局承认其占领东北的既成事实，并把上海变成它侵略中国腹地的新基地，在九一八事变后不久又蓄谋在上海发动战争。同在东北一样，日军故技重演，先制造了一些事端。1932年1月中旬，日本帝国主义部署了以上海为中心的压制抗日运动和军事侵略的阴谋。1月20日，闸北区发生五名日本僧人与三友实业社工人殴打冲突事件，日军借机唆使日本暴徒焚烧三友实业社，并无耻地提出道歉、赔款、惩凶、取消抗日运动四项要求，肆意扩大事态。1月26日，日方向上海市政府发出最后通牒，限令在48小时内（1月28日下午6时前）答复他们的无理要求。与此同时，日本从旅顺港和国内大量增兵上海。

1月27日深夜,宋庆龄、史量才、杨杏佛三人聚在宋庆龄寓所讨论时局。宋庆龄气愤地说:"日本人得寸进尺,气焰很盛,看来上海的战事是不可避免的。"继而她坚定地表示:"驻守上海的十九路军抗战情绪很高,蔡廷锴、蒋光鼐等将领的态度都很坚决,应当给他们以支持,作他们的后盾。"史量才也表示:"万一战事发生,我当追随夫人,尽瘁国是,支持十九路军抗战到底。"[①]

不出所料,虽然上海市市长吴铁城奉命在1月28日的谈判中顺从日方旨意,答应停止反日宣传、停止抵制日货、取缔抗日团体,并命令第十九路军立即撤出上海,但日军还是在28日当晚就发动了对上海的突然进攻,扬言要在48小时内占领上海。

国民党政府看到日军的嚣张气焰,慌忙在1月30日宣布把首都由南京迁至洛阳。上海本地数十万军民却行动起来,同仇敌忾,众志成城,抗击日军。驻守上海的第十九路军在蒋光鼐、蔡廷锴将军指挥下,不顾国民党政府的阻挠,奋起抵抗来犯之敌。各界民众,纷纷向第十九路军捐款捐物。上海工人响应中华全国总工会1月29日号召,举行总罢工,反对日本帝国主义进攻中国。

宋庆龄也立即投入全部精力到战争后援工作中。战斗开始的第三天,宋庆龄与何香凝等就顶风冒雪赴真如第十九路军指挥部慰问,并与第十九路军副总指挥蔡廷锴亲切交谈。宋庆龄热情赞扬了第十九路军英勇抗战的

---

① 窦天语:《爱国报人史量才》,载《江苏文史资料集粹》文化卷,第37页。

*
1932年1月30日，宋庆龄在真如前线慰问时与第十九路军军长蔡廷锴合影。

精神。

2月6日,中国农历年大年初一,宋庆龄又携带大批慰劳品到真如犒军,并在巡视战地时手捧战利品——日军的炮弹,站在断壁前与蔡廷锴合影,表示了与十九路军同呼吸共命运的决心。① 几天后,她又不顾个人安危,冒着枪林弹雨奔赴吴淞前线十九路军区寿年部翁照垣旅,巡视慰问守卫吴淞的官兵,鼓励将士们"继续奋斗,不使我中国有寸土入于敌手"。翁旅长代表全旅官兵表示:"以卫土为责之将士,决不使敌人稍肆横暴,使敌人绝无越雷池一步之机会!"阵地上,日夜有敌机侦察、扫射,还有敌舰上排炮的轰击,非常危险。为了宋庆龄的安全,翁旅长劝她以后不要再来吴淞前线。宋庆龄动情地说:"不到前线来看望你们,我心里总是不踏实,现在看到你们了,我就放心了。"②

十九路官兵们斗志昂扬,但由于武器装备和兵员数量远不如日军,兵力损失惨重,大批伤员急需救治。宋庆龄凭借广州时期组织出征军人慰劳会和北伐时期组建伤兵救护会的经验,很快就动员社会各界力量创办了一所有300张床位、医疗器械设备完善的国民伤兵医院。

为了组建医院,宋庆龄与何香凝、杨杏佛等积极奔走。医院场地是从上海交通大学借来的校舍。医院经费、被褥、绷带等,是向社会各界募捐的。医生是一批来自上海、北平和香港等地的受宋庆龄感召的名医,其

---

① 蔡廷锴:《蔡廷锴自传》,黑龙江人民出版社1982年版,第280页。
② 参见《申报》1932年2月13日。

*
1932年2月6日,宋庆龄在真如前线断垣边手持未爆炸的敌弹留影,表示抗战到底的决心。

中包括宋庆龄的两位表兄牛惠生和牛惠霖；看护人员则是沪港名媛。全体职员都是义务工作。

宋庆龄为国民伤兵医院奔走呼吁，常常忙得连午餐都顾不上吃。她还经常亲临病房慰问抗日受伤的战士，鼓舞他们的士气。为了丰富伤兵们的精神文化生活，宋庆龄捐赠了一批图书，还购置了唱机和唱片。由于伤兵多是广东人，宋庆龄特意为他们选购了《小桃红》等广东乐曲，用家乡音乐来安抚伤兵们肉体上的伤痛，激发他们的爱国热忱。

3月初，宋庆龄在国民伤兵医院答记者问，表示"当然主张积极抵抗到底"，并赞扬了十九路军：

> 人类唯有从奋斗中求生存，革命者尤当只问是非，不顾目前利害。十九路军明知众寡悬殊，器械财力均不如人，而能不顾一切，以血肉为中国争一线之生机，使世界知中国尚有不可侮之军队与民气，不特为军队之模范，实为革命之武力与反帝国主义之先锋。

宋庆龄还抨击了国民党政府的逃避退让行为，指责他们说：

> 今之自命聪明不顾民意者，每以强弱成败，自文其不抵抗之过。不知唯真绝顶聪明之人，乃能从死中求生，险里求安。

第十九路军以顽强的战斗精神和不怕牺牲的爱国主义精神，坚持抵抗月余。日本侵略军被迫三易主帅，数次增兵，损失1万余人，仍无法实现其速战速决的梦呓。这次战争让宋庆龄再一次看到人民的力量，她充满信心地说：

> 日军谓四十八小时可消灭十九路军，某军事家谓日本三日可封锁中国，今十九路军于苦战一月以后，犹能继续抵抗，中国不特未因抵抗而亡，反因抵抗而益坚国民牺牲奋斗之志。
>
> 人皆以中国此次战争为失败，实则中国在精神上完全胜利，日本所得者仅物质之胜利而已。得精神胜利之人民，必日益奋进于伟大光荣之域，得物质胜利者，只日增其侵略与帝国主义之野心，终于自取覆亡而已。[①]

淞沪抗战爆发后，宋庆龄还积极争取国际力量的声援。她以国际反帝大同盟的名义向全世界进步人士发出呼吁，吁请他们主持正义，支持中国人民抗战。这个呼吁得到了国际反帝大同盟总部的热烈响应。国际反帝大同盟总部发表了一个极长的宣言，谴责日本侵略中国，号召各国反帝组织以各种形式支援中国人民。宋庆龄还特意致电苏联文学家高尔基，请求他声援中国人民的淞

[①] 宋庆龄：《在国民伤兵医院答记者问》，载《宋庆龄选集》（上卷），人民出版社1992年版，第87—88页。

沪抗日战争。高尔基在接到宋庆龄的电报后，立即在《消息报》上发表了《响应孙中山夫人宋庆龄的呼吁》的文章，有力地喊出："援助中国——无产阶级团结的表现——这是一个伟大的事业"。

蒋介石、汪精卫政府在阻挠淞沪抗战后，又不顾全国人民的愤怒抗议，于5月5日同日本签订了丧权辱国的《上海停战协定》。协定允许日军进驻上海，将中国驻军撤离上海，并在全国禁止抗日运动。不久，蒋介石正式宣布"攘外必先安内"政策，部署对南方革命根据地红军的第四次"围剿"，并将英勇抗日的第十九路军调往江西参加"剿共"。蒋介石还建立了法西斯组织"中华复兴社"，亲自任社长，加紧对抗日民主运动的镇压。白色恐怖笼罩着国民党统治区，宋庆龄因此承担起了更为艰巨的救国使命。

宋庆龄爱护所有的革命者。

———

埃德加·斯诺

第二十章

领导民权保障斗争

邓演达的牺牲使宋庆龄万分悲痛，但这并不完全是出于对挚友的个人感情。正如美国友人埃德加·斯诺指出的："宋庆龄爱护所有的革命者。"因此，继邓演达之后，宋庆龄又跟蔡元培、杨杏佛等共同发起组织"牛兰夫妇营救委员会"，营救共产国际远东局和国际红色工会远东分会负责人牛兰（保罗·鲁埃格）及其夫人。①1932年夏秋之交，宋庆龄准备联合全国力量，在更大范围内开展营救革命政治犯的工作，跟蒋介石推行的中国式的法西斯蒂运动展开斗争。经过半年筹备，这个联合组织终于在同年12月29日正式宣告成立，它的名称叫作"民权保障同盟"。在白色恐怖的乱云狂飙中，它像一杆火红的战旗，召唤着广大人民投入争取集会、结社、言论、出版等项自由的斗争。

因为生病，宋庆龄未能出席在上海华安大厦召开的民权保障同盟成立会，但她委托蔡元培向新闻界发表了书面讲话。她宣布："我们的组织的宗旨在于支援为争取结社、言论、出版、集会自由等民主权利而进行的斗争。"针对当时特务横行、监狱密布的黑暗状况，宋庆龄强调指出："本同盟首先关切的是援助那些拥塞在监狱

---

① 牛兰，原籍波兰，1927年被共产国际派驻中国，负责协助中国及东亚各国开展工人运动和群众革命活动。1931年6月被捕，1932年8月被国民党政府法院判处无期徒刑。其妻汪得利曾为其主要助手。宋庆龄于1931年12月到南京面见蒋介石，提出以苏联遣返蒋经国为释放牛兰夫妇的交换条件。蒋介石1931年12月16日的日记写道："孙夫人欲余释放而以经国遣归相诱。余宁使经国投荒，或任苏俄残杀，而决不愿以害国之罪犯以换亲儿。"1937年12月日军占领南京，牛兰夫妇乘乱越狱。

中的大量无名无告的政治犯。"众所周知，当时在押的政治犯绝大部分是共产党人和其他进步人士。

民权保障同盟以保护这些中华民族的优秀分子为己任，这就旗帜鲜明地表现出这个团体的革命性。根据这一宗旨，民权保障同盟于1933年1月17日在上海成立了分会，1月30日，又成立了北平分会。原拟在南京、天津、武汉等地也相继成立分会，而后由各分会推举代表，召开民权保障同盟全国代表大会，选举产生全国性的最高权力机关，但因国民党政府的破坏和镇压，这一计划未能实现。民权保障同盟的最高执行机构是一个由七人组成的临时中央执行委员会，成员除同盟主席宋庆龄外，还有副主席蔡元培，总干事杨杏佛，执行委员林语堂、伊罗生（哈罗德·罗伯特·伊赛克）、邹韬奋、胡愈之。美国进步记者艾格尼丝·史沫德莱虽然并非同盟的正式领导成员，但她作为宋庆龄的英文秘书参加了临时执委会的全部活动，发挥了极为重要的作用。鲁迅、沈钧儒等是同盟上海分会的执委，由于同盟临时执委会经常跟上海分会执委一起举行联席会议，所以他们实际上也参加了同盟的领导工作。邹韬奋在《患难余生记》一书中生动描绘了这种联席会议召开的情景："当时民权保障同盟总会在上海，开会时总是和上海分会开联席会议。每次参加者有蔡先生、孙夫人、她的英文秘书史沫德莱女士、鲁迅、林语堂、杨杏佛、胡愈之诸先生，我也忝陪末座。每次开会总是由蔡先生主持。因为有西人参加（还有一位是西报记者，忘其名），中文文件每由林先生当场译成英文，译得很恰当。开会时最有

＊

1933年,宋庆龄与中国民权保障同盟委员杨杏佛(右二)、胡愈之(左一)、林语堂(左二)及秘书黎沛华(中)合影。

趣的是鲁迅先生和胡愈之先生的吸纸烟。他们两位吸纸烟都不用火柴,一根刚完,即有一根接上,继续不断地接下去。"①

　　民权保障同盟中的"民权"二字,来源于孙中山倡导的民权主义。按字面意义,民权指人民应当享有的一切正当权利——包括基本政治权利。这是一个内涵十分广泛的概念,具有不可忽视的影响力和号召力。但是,人民的概念在不同国家的不同历史时期有着不同的内容,因而民权的实际历史内容也会随之有一个发展变化

---

① 邹韬奋:《患难余生记》,生活·读书·新知三联书店1958年版,第6—7页。

的过程。孙中山直接继承了近代中国革命,特别是太平天国农民战争的革命民主传统,又吸收了西方资产阶级革命时期的民主学说,形成了他的民权主义思想。他强调他所主张的"民权主义"是"政治革命的根本",不过,在中国旧民主主义革命时期,孙中山曾对资产阶级的"共和政治"表示无保留的倾慕,而未能认识到在帝国主义和无产阶级革命的时代,在半封建半殖民地的旧中国,这样的政治制度注定是不能实现的。孙中山晚年在十月革命和中国共产党的影响下,以革命精神重新检验和阐释了民权主义,提出了国家政权应为一般平民所共有的思想。然而,孙中山最终也没有正面回答在这种平民政权中谁领导谁的问题。

宋庆龄继承、捍卫和发展了孙中山的新三民主义。在中国革命和世界革命的影响下,又目睹和身受了独夫民贼蒋介石的血腥统治,宋庆龄把彻底解决民权问题的希望寄托于无产阶级革命。在《中国民权保障同盟的任务》这篇战斗檄文中,宋庆龄对现代资本主义国家的民主制度进行了极为深刻的批判。她尖锐指出:

> 资产阶级的形式民主,对人民大众来说,始终是有名无实的。它只给予少数人民主的权利。甚至在"最自由"的资本主义国家里,群众的权利也是受限制的。他们只能对资产阶级所允许讨论的问题、允许进行的选举和允许存在的政党表示意见和进行投票。然而,结社的权利还是受到限制的,游行示威必须事先得到批准,不然就要被殴打。此

外，工农更受到种种阻碍；所有大印刷厂、出版社、教育机关和大会场，除了很少的例外，全在资本家的掌握中。民主只是形式的，只是宪法上的具文，只有在它不妨碍资本家剥削者掠夺人民的"权利"时，才被允许留存。事实上，这些"民主"制度不过是严密保障着一小撮剥削者的权势的一种制度。这些制度的"民主权利"不过是掩盖这一小撮剥削者对广大人民群众进行独裁统治的烟幕。但是连这一点儿形式的民主，在它与资产阶级的利益发生抵触的时候，也要被取消的。①

在这篇文章中，宋庆龄还热情讴歌了无产阶级专政的社会主义制度。她指出，"以工农联盟为基础的无产阶级专政"，"是人民中绝大多数群众的统治"，因此，中国人民争取民主权利的斗争，"是不能和震撼世界和震撼中国的斗争分开的，相反地，它和这些斗争是结合在一起的，而且是这些斗争的一部分"。这篇文章通篇闪耀着马克思主义民主观的真理之光，标志着宋庆龄由革命民主主义者向马克思主义者的重大转变，至今仍有着重大现实意义。

1933年1月至6月，民权保障同盟在宋庆龄的领导下进行了一系列重大的政治斗争，如抗议江苏省主席顾祝同枪杀揭露其部下贪污贩毒的镇江《江声日报》主笔刘煜生，要求查明揭露汉奸罪行《时事新报》记者王

---

① 宋庆龄：《中国民权保障同盟的任务》，载《宋庆龄选集》（上卷），人民出版社1992年版，第108—109页。

＊
1933年，宋庆龄与中国民权保障同盟委员史沫德莱（右二）、鲁迅（左二）、林语堂（左一）及秘书黎沛华（右一）合影。

慰三的致死真相，声援被国民党中央宪兵第三团拘禁的许德珩、侯外庐等北平爱国师生，赴德国驻上海领事馆递交谴责希特勒政府迫害犹太人、摧残进步文化的抗议书，营救被国民党特务在上海法租界秘密绑架的左翼作家丁玲、潘梓年，调查"北平军人反省分院"（俗称"草岚子监狱"）等监狱的黑暗状况①……在民权保障同盟开

---

① 被拘禁在北平军人反省分院的中共地下党员刘尊棋以该院政治犯的名义写了英文信，揭露狱中黑暗生活，请求民权保障同盟予以营救。史沫德莱在英文《燕京报》刊出了此信，引起了民权保障同盟北平分会主席胡适的抗议。胡适认为此信夸大失实，刊出此信有损同盟的信誉。1933年3月3日，胡适被民权保障同盟开除。

展的活动中,最为重要、最能体现同盟性质的,是营救陈赓、廖承志、罗登贤、余文化、谭国辅等五名革命者。

1933年3月下旬,这五名革命者被捕。3月31日,上海第二特区法院分两批进行审判。除廖承志由于宋庆龄、柳亚子、经亨颐三人联名担保于当夜获释外,其余四人均被强行转押至南京的军事监狱。

1933年4月1日,宋庆龄发表了《告中国人民》一文,号召大家一致起来保护被捕的革命者。文章指出:

> 昨天被捕和引渡给国民党的五个人,正如所有与他们遭受同样命运的同志们一样,不是罪犯,而是中国人民最高尚的代表人物。因此,我号召全中国人民起来要求释放他们,要求不使他们遭受酷刑与死亡。如果我们容许这些革命战士们被逮捕,被监禁,甚至被害,那就是容许了可恶的反动势力摧残中国民族生命的根苗。释放他们,释放几千个与他们一样的人,就是释放中国民族革命精神的不可征服的力量。没有这个力量,中国就不能像一个国家和一个民族一样地生存下去。

4月5日,宋庆龄率领中国民权保障同盟代表团到南京慰问被捕的革命者。代表团成员中,有民权保障同盟总干事杨杏佛、法律委员沈钧儒、外籍执行委员伊罗生,以及义务法律顾问吴凯声等。代表团首先在下榻的扬子饭店会见了行政院院长汪精卫和司法部部长罗文干。宋庆龄以民权保障同盟名义提出四项书面要求:

一、即刻释放一切政治犯；二、废止滥刑；三、给予政治犯阅报读书之自由，禁用铐镣，改良狱中待遇；四、严惩狱吏敲剥犯人及受贿行为。宋庆龄还指出：当此外患日迫之时，释放政治犯与国家元气脉脉相关。唯有释放中国反帝运动的男女斗士，才能增长中华民族的革命力量；如若反而囚禁杀戮他们，无异于自伤元气。中国当前民气消沉实与这种政治压迫有关。

当晚，代表团一行前往南京卫戍司令部探望陈赓、罗登贤、余文化、谭国辅。在这座白色恐怖笼罩着的城堡中，拘禁着约200名政治犯。这里每一个院子的入口，都有两排荷枪的士兵守卫，每扇门后的屏风上都漆有国民党的"青天白日"，到处有佩戴党徽的便服人员，到处有枪、刺刀和盒子炮。在五名军官和一队武装卫兵的监视下，代表团成员穿过漫长的迷宫似的甬道，来到了关押有革命者的监房。陈赓被单独关在一间牢房里。他向宋庆龄等讲述了他所受的严刑拷打和恶劣待遇，并请求代表团照顾他那一无所有的妻子。宋庆龄为我党秘密地转交了一张纸条给陈赓。因为陈赓揭露了监狱的黑暗状况，代表团一走，恼羞成怒的敌人立刻把他关进另一间阴森霉臭的牢房，并把他推进了刑讯室，进行新的逼供。代表团来到谭国辅的监房，这位只有十几岁的女孩子非常勇敢，虽然曾遭到英捕房的殴打，但她坚定地向大家表示她一点都不怕。谭国辅是辛亥革命时期中国同盟会著名活动家谭人凤的孙女，被捕时扮成陈赓的妹妹，化名陈藻英。罗登贤跟余文化关在一起。余文化被折磨得没有说话的力气了，只是支撑着半坐起来。伤痕累累、血迹斑斑的罗登贤坚定表示："我是始终要为人民大众利益奋斗的，什么也不能动摇我，我将我的生命献给我们的党与人民大众。"①

民权保障同盟代表团返回上海后，于4月12日专门召开一次同盟临时中央执行委员会会议，报告赴南京情况。执委会决议，再次要求汪精卫、罗文干设法将罗登贤、陈赓等四人从军事机关移交司法机关。

4月底，上海闸北72位工人代表联名发表了《工人及劳苦群众反对罗登贤等之被捕抗议书》。抗议书称罗登贤是"反帝抗日的急先锋，中国大革命中香港大罢工的领导者，中国工人阶级最忠勇的领袖"，"中国广大的劳苦弟兄最好的朋友"。抗议书控诉道："自从九一八、一·二八以来，国民党政府出卖了东三省、上海，出卖了山海关、热河，现在又出卖了华北。它不但不派一兵一卒去打日本帝国主义，反而成千成万地屠杀、逮捕、监禁中国劳苦群众及其领袖！国民党哪个监狱里不是充满了反帝的战士？哪一块国民党统治的地方没有染遍了劳苦群众的鲜血？"这封抗议书通过民权保障同盟发表在同年出版的《中国论坛》第1卷第5期上。

5月，轻易不出门的宋庆龄突然出现在辣斐坊7号（现复兴中路复兴坊7号）何香凝寓所的客厅中。这种少有的举动使何香凝有些惊讶，宋庆龄却表现得十分平静。她一面跟何香凝寒暄，一面向廖承志眨了眨眼。何

---

① 《铿锵誓言 坚贞信仰》，载《人民日报》2021年4月4日。

香凝会意，便托词拿糖果，回到了寝室。这时，宋庆龄面色凝重地对廖承志说："我今天是代表最高方面①来的。只问你两个问题：第一，上海的秘密工作还能否坚持下去？第二，你所知道的叛徒的名单。"廖承志回答说："第一，恐怕困难。我自己打算进苏区。第二，这容易，我马上写给你。"廖承志飞快地把叛徒姓名写在一条狭长的纸上。宋庆龄打开皮包，取出一根纸烟，把半截烟丝挑出来，再把纸条卷成卷，塞进这根香烟里，接着，泰然自若地走出了何香凝公寓的大门。②

由于民权保障同盟的积极营救，敌人未敢对陈赓骤然加害。正在南昌指挥第四次反革命军事"围剿"的蒋介石妄想通过陈赓来影响在红军中的黄埔学生，命令南京卫戍司令部用轮船将陈赓押到九江，转往南昌。陈赓沿途宣传革命真理，使围观群众十分感动。到南昌后，陈赓被安排住在市中心洗马池的江西大旅社。蒋介石先派秘书邓文仪进行持续两天的劝降，毫无结果。接着，陈赓被押到蒋介石南昌行营所在地——百花洲科学仪器馆。蒋介石亲自出马，用师长职务为诱饵，要陈赓"悔过"。陈赓断然拒绝。蒋介石无计可施，只好又下令把陈赓押回南京。陈赓度过了四个月的铁窗生活，终于被

---

① "最高方面"应指第三国际。1931年7月宋庆龄回国奔丧途经莫斯科时，曾与苏联领导人秘密会谈，内容估计跟此后宋庆龄的革命活动有关。又据1928年3月23日共产国际执行委员会东方书记处副主任米夫致加拉罕函，共产国际早就想利用宋庆龄的特殊身份对共产党人的活动进行掩护。1936年秋，宋庆龄通过潘汉年转寄了共产国际给中共中央的5万美金。
② 廖承志：《我的回忆之二》，载《人民日报》1982年5月29日。

共产党组织营救出狱。谭国辅也同时被释放。

1933年8月，廖承志秘密进入鄂豫皖苏区，后任川陕苏区省委常委。同月29日，国民党反动派将折磨得遍体鳞伤的罗登贤押上了刑场。在被秘密处决前，这位28岁的共产党人慷慨陈词："个人死不足惜，全国人民未解放，责任未了，才是千古遗憾！"罗登贤高呼革命口号，在雨花台英勇就义。同年11月30日，《中国论坛》刊载了《在中国革命运动史中罗登贤的名字将永远是光辉灿烂的》一文，对烈士表示深切的悼念。

民权保障同盟的营救活动，使国民党政府在社会舆论面前陷于十分尴尬的境地。他们对同盟的领导人恨之入骨，亟欲除之而后快。同年6月18日，国民党蓝衣社特务暗杀了同盟总干事杨杏佛，使同盟活动在此后陷入瘫痪。

宋庆龄与杨杏佛的接触始于1924年冬。当时中国国民党改组，实行第一次国共合作，杨杏佛从南京赴广州参加国民革命，任孙中山秘书；11月21日随孙中山、宋庆龄至上海。孙中山在北京患病期间，杨杏佛在铁狮子胡同行馆随侍守护。1925年3月12日孙中山病逝，杨杏佛协助宋庆龄参与治丧工作与筹备葬事。因两人先后留学美国，常用英语交谈，共同语言颇多。杨杏佛办事讲究效率，清廉无私，也给宋庆龄留下了深刻印象。

杨杏佛的被害使宋庆龄失去一个得力助手，但没有吓退宋庆龄。相反，宋庆龄亲赴上海万国殡仪馆出席杨杏佛的入殓仪式，并发表声明说："我们非但没有被压倒，杨铨（杏佛）为同情自由所付出的代价反而使我们更坚决地斗争下去，再接再厉，直到我们达到应达到的目的。"

于是，国民党政府制定了一个迫害宋庆龄的秘密计划。特务头子戴笠采取的第一步，是派沈醉挑选一个女特务去接近、收买宋庆龄的保姆李妈，用以监视宋庆龄的活动，每天向特务机关填报"监视日报表"。女特务的活动引起了宋庆龄的警觉。她断然叫李妈把收下的礼物全部退还，挫败了特务的第一次进攻。特务贼心不死，又采取了第二步——他们了解到李妈刚离了婚，便决定施展"美男计"，派一个长相不错的特务化装成汽车司机去勾引李妈。经过大约三个月，那个男特务终于和李妈"交上了朋友"。出乎敌人意料的是，就在特务准备和李妈举行订婚仪式的前几天，李妈突然宣布跟特务一刀两断，痛斥他是坏蛋、骗子！男特务究竟在什么地方露了马脚，他自己也茫然无所知。恼羞成怒的戴笠仍不放弃迫害宋庆龄的计划，决定采取更为阴险狠毒的第三步：派一个亡命徒开一辆坚固的小汽车，伺机撞翻宋庆龄乘坐的小汽车，酿成一场车祸，使宋庆龄丧身或致残。沈醉通过上海青帮头子杜月笙弄到了一辆结构牢固的德国造的小汽车，只等一声令下就采取行动。① 不久，抗日战争全面爆发了，这一阴谋才未得逞。

---

① 沈醉：《蒋介石阴谋暗杀宋庆龄》，载《文史精华》1996年第4期。

自从1927年革命的统一战线在汉口破裂以后,
我就脱离国民党出国。
嗣后我跟他们一点没关系。

———

宋庆龄

第二十一章

会见萧伯纳

> 他不愿意受欢迎，见新闻记者，却偏要欢迎他，访问他，访问之后却又都多少讲些俏皮话。……他说的是真话，偏要说他是在说笑话，对他哈哈地笑，还要怪他自己倒不笑……他本来是来玩玩的，偏要逼他讲道理，讲了几句，听得又不高兴了，说他是来"宣传赤化"了。

鲁迅在《谁的矛盾》一文中，这样概括了萧伯纳访问上海时一些中外记者、文人的矛盾态度。

萧伯纳是 1933 年 2 月 17 日在漫游世界途中路经上海的。这位伟大的作家、讽刺家兼戏剧家一方面以机智而辛辣的讥讽刺向英国绅士社会，另一方面又将同情的眼光投向新兴的社会主义国家和东方被压迫民族。由于他跟宋庆龄都是世界反帝大同盟的名誉主席，所以接待工作是由宋庆龄出面安排的，主要作陪者大都是民权保障同盟的领导成员。可以说，欢迎萧伯纳的活动实际上是民权保障同盟的活动内容之一。

当天早晨 5 时，宋庆龄跟杨杏佛等赴新关码头，乘坐海关的镜涵号小火轮到吴淞口迎接萧伯纳。晨 6 时，白发皓髯、精神矍铄的萧伯纳偕夫人乘坐英国皇后号远洋客轮抵达吴淞口。宋庆龄上船欢迎，跟萧伯纳在船上的餐室共进早餐。席间，他们进行了亲切而坦率的交谈。谈话内容经宋庆龄手订，曾刊登于同年 3 月 1 日出版的《论语》杂志第 12 期。这段对话表明了宋庆龄的立场和主张，特摘录于下：

萧：请问中国对日本的侵略有什么准备？

宋：差不多没有，北方的军队仅有陈旧的军械与军火。南京政府把最好的军队最好的军械军火，用来镇压中国的农工，不用来抵抗日本。

萧：南京政府与红军能不能成立一种联合战线来抵抗日本呢？

宋：前年12月，中国苏维埃政府曾发表宣言，宣告假使南京政府停止进攻苏维埃区域，他们愿意与任何军队缔结攻守同盟，抵抗日本的侵略。

萧：这倒是一个很公平的提议。

宋：这个提议并未被接受，南京军队仍旧继续向苏维埃区域进攻。

萧："满洲国"是怎样一个政府？溥仪是怎样一个人？

宋：他实是日本的傀儡，并且曾经想要逃走。所谓"满洲国"，不过是日本政府的傀儡政府。

萧：请告诉我，中国人民对于李顿的报告书的态度如何？

宋：人民是反对的，但是政府已经接受了。你也许知道在欧洲的非战会议组织了一个特别调查团，预备于本年3月来中国调查满洲状态，然后来上海开会。这个调查团的领袖是巴比塞、德莱赛等人。

萧：巴比塞、罗兰曾邀我赞助这个会议。但是这是一个会议，实在不能停止战争。用战争来停止战争也不能解决这个问题。只有各国真下生存于和平的决心可以停止战争。

宋：在上海的会议，其主要的作用仍是宣传——反对战争的宣传。真能消灭战争的唯一方法，唯有消灭造成战争的制度——资本制度。

萧：但是我们不都是资本家吗？我自认有好几分是……你难道不是吗？

宋：不——完全不是。

萧：告诉我，南京政府曾打算取消你的孙中山夫人的头衔吗？

宋：尚未——但是他们很愿意。

萧：请告诉我，孙夫人，你在国民党的地位如何？

宋：我跟国民党没有一点关系。自从1927年革命的统一战线在汉口破裂以后，我就脱离国民党出国。嗣后我跟他们一点没关系。

萧伯纳登岸后，先乘车赴外白渡理查饭店与来沪各旅游团团员会面，而后即赴中央研究院拜访蔡元培。中午12时，宋庆龄在法租界莫利哀路29号寓所备素菜宴请萧伯纳，蔡元培、杨杏佛、林语堂、伊罗生、史沫德莱作陪。午餐吃到一半时，鲁迅也赶到了。萧伯纳坐在圆桌的上首，雪白的须发，健康的脸色，和气的面貌。他一面学着用筷子吃饭，一面幽默地说："朋友最好，可以久远地往还，父母和兄弟不是自己自由选择的，所以非离开不可。"午餐毕，宾主一起合影留念。当时，廖梦醒也在场。宋庆龄考虑到她已经加入共产党，不便合影，便没有让她参加拍照。

下午2时，国际笔会中国分会在福开森路世界学院为萧伯纳举行欢迎会。国际笔会是1921年在伦敦成立的国际性著作家团体，1929年蔡元培、杨杏佛等在上海发起成立中国分会，由蔡元培任理事长。参加这次欢迎会的有不同文艺派别的作家，还有戏剧界、社交界的人士，有五十余人。萧伯纳像一尊石像般兀立在会场中间。他并不是百科全书，可是大家偏要把他当作百科全书，问长问短，好像翻检《大英百科全书》似的。萧伯纳不得已，只得演说了几句，大意是：此刻演说，其实是不必要的，因为在座诸位都是著作家，我来这里演说，岂不是班门弄斧？普通人都把作家看成是神秘伟大的人物，现在诸位都是晓得内幕的人，何必还要多说呢？其实作家也是劳工，不过他们的工资有时较之劳工更少罢了。就拿我的作品来说，就并不是都有收入的。我到这里来，正如动物园中的一件展品，现在你们已经看见了，这就可以了罢。大家都哄笑了，大约以为这是讽刺。接着，邵洵美代表笔会将北平东安市场出售的一盒泥制京剧脸谱赠送给萧伯纳。萧高兴地接受了礼物，并感叹说：京剧舞台上老生、小生、花旦、战士、恶魔的不同，都能从脸谱上进行鉴别；生活中人们的面貌大都相同，但内心却未必相似。他的话引起了人们的深思。

下午3点来钟，萧伯纳离开世界学院，返回宋庆龄的寓所，在宋宅后花园的草地上接见中外记者。洪深和林语堂充当临时翻译。记者们向萧提出了种种严肃的问题，要他发表关于远东、中国等各方面的意见。萧伯纳习惯地使用他对付新闻记者的方法，像调侃又像讽刺地发表谈话。他在介绍了社会主义苏联当时取得的进步之后指出："社会主义，早晚必然要普遍实行于世界各国，虽然革命的手段和步骤，在各个国家里所采取的方式，也许互相不同，但是殊途同归，到最后的终点，始终还是要走上同一条道路，而达到同一个水平线。"这时，有一个白俄记者挑衅式地对萧伯纳说："我离开俄国的时候，俄国境内紊乱不堪，并不像你所称赞的那么好。"萧伯纳断然答道："你所说的，还是你离开俄国的时候——1922年所看见的情形，不是现在苏联的状况。"有记者问到有关中国的问题。萧伯纳说："被压迫民族应当自己解决自己的问题，中国也应当这样干。中国的民众应该自己组织起来，并且，他们所要挑选的自己的统治者不是什么戏子或者封建王公。"在谈到中国的文化时，萧伯纳说："文化的意义，照科学的解释，是人的一切可以增进人类幸福的行为，尤其是对于自然界的控制；在中国，除开农田里还可以找着少许文化以外，再也没有什么文化可说的了。中国现在又向西欧去搬运许多已经失掉效用而且贻害大众的所谓文化。像这种西方文化，中国搬它来有什么益处？"还有记者问萧伯纳为什么要躲避他们。萧答道："并不是逃避，因为我不看新闻，所以没想到有记者会苦心寻觅我。"萧伯纳侃侃而谈的时候，蔡元培、鲁迅静穆地站在草地一旁很有兴味地听着。宋庆龄站在草地石阶前，紧闭着将要笑出来的嘴唇，脸上流露出满足的神情。

*

1933年2月17日,宋庆龄在上海寓所会见并宴请萧伯纳。

第二十一章 会见萧伯纳

大约下午4点钟，记者招待会结束。萧伯纳仍由宋庆龄、杨杏佛等陪伴前往码头，乘轮渡至吴淞口，登英国皇后轮。当晚11时，萧伯纳乘坐的这艘轮船启碇，离开冬寒乍退的上海驶向秦皇岛。

萧伯纳这次到上海，停留的时间不到一天，但满城传遍了萧的"幽默""讽刺""名言""逸事"，其热闹的程度超过了1924年印度作家泰戈尔访华。由于萧伯纳有名气，所以很多报纸要借重他的声誉，又由于萧伯纳激进，所以很多报纸又对他发出了嘘声。因政治立场不同，不同的报刊——英系报、日系报、白俄系报……对

*

1933年2月17日，宋庆龄宴请萧伯纳后留影。
右起：鲁迅、林语堂、伊罗生、蔡元培、宋庆龄、萧伯纳、史沫德莱。

同一个萧伯纳作出了互相参差矛盾的报道。这些报道好比一面政治上的平面镜,从这里,可以看到真的萧伯纳和各种人物的原形。基于这种情况,鲁迅离开宋庆龄寓所回家之后,立即跟在他家避难的瞿秋白商量,决定把报刊上对萧伯纳或捧或骂、或冷或热的文章剪辑下来,编为《萧伯纳在上海》一书。许广平、杨之华承担了搜罗报纸和剪贴的任务。鲁迅和瞿秋白共同编校。鲁迅撰写了《序言》。瞿秋白撰写了《写在前面》及按语。3月,这本书就由上海野草书屋印成发行了,它确实像一面镜子,映出了文人、政客、军阀、流氓、叭儿的各色各样的相貌。

我们并不是反对一切战争。
……
我们是拥护中国的武装人民
反对帝国主义的民族革命战争的。

———

宋庆龄

第二十二章

一次成功的反战会议

1933年9月28日,一辆汽车从上海福州路的一家旅馆驶向沪东大连湾路一幢新建的红色四层洋楼。车停后,从洋楼里走出两个人,把车里的两口樟木箱及一些杂物扛了进去。从外表看去,这是两口陪嫁的箱子,但打开箱盖,里面装的却不是嫁妆,而是500个面包。

原来这座洋楼里并不是真在筹办喜事,而是将要举行一次重要的秘密会议。"户主"黄霖是江苏省委为这次会议委派的警备委员长,"主妇"梁文若是省委交通员,他们的"儿子"其实是彭湃烈士的遗孤。装扮"户主"母亲的是一位叫朱姚的老太太。"新郎""新娘"是"户主"的"弟弟""弟媳"。"新娘"是由左翼作家周文的夫人郑育之装扮的,她的任务是注视前门的动静;一个高而瘦的男同志装扮成"新郎",他的任务是注意后门动静。29日,约60位代表分批进入这座洋楼,在地板上坐着或者躺着,鸦雀无声。9月30日凌晨1时,3名外国人乘坐夏衍从明星电影公司借来的汽车来到这座楼房,他们是英国勋爵、工党议员马莱,法共机关报《人道报》主笔伐扬·古久烈,以及比利时社会民主党人士马尔度。天蒙蒙亮时,又走进一位身穿黑旗袍的端庄凝重的中年妇女,她就是宋庆龄。在这里,将要召开世界反帝大同盟远东会议。

世界反帝大同盟是一个由著名作家巴比塞、罗曼·罗兰发起的国际组织,于1932年8月在荷兰阿姆斯特丹举行的反战大会上成立。出席成立会的代表有2195人(其中共产党人830人),代表着29个国家的3000万有组织的工人。他们共聚一堂,讨论如何防止西方资本主义世界将一场货币关税的经济战争转化为用毒瓦斯、炸弹和重炮进行的杀人盈野的战争，把欧洲数千万劳动群众从帝国主义战祸的威胁与法西斯专政的蹂躏之下解救出来。中华苏维埃政府向大会拍发了贺电。由于日本帝国主义当时占领东北，轰炸淞沪，进攻热河，控制平津，图谋内蒙古，觊觎山东，阴谋并吞华北，控制全中国，世界反对帝国主义战争委员会决定在这一严重时刻派遣代表团前来远东，于1933年秋季在上海召开一次远东反战反法西斯代表大会，并调查日本侵略我国东北的情况。

上海反战大会不是一个政党或一个团体单方面召集的会议，它竭诚欢迎一切愿意积极反对帝国主义战争的团体都派遣代表出席。由于宋庆龄是世界反战大会发起委员会委员、世界反战委员会的名誉主席，也是远东会议上海筹备委员会主席，所以民权保障同盟从1933年2月就开始筹组这次会议，并责成杨杏佛向报界介绍反战委员会的宗旨，远东会议召开的目的，调查团来华的任务。7月下旬，又成立了由宋庆龄、蔡元培、鲁迅等主持的筹备委员会。一贯向帝国主义摇尾乞怜的国民党政府对这次会议极端害怕。它不但公然命令各报不准刊载有关这次会议的消息，而且动员蓝衣社特务秘密进行破坏与绑架。日本帝国主义也对上海公共租界工部局和法租界当局施加压力，以租界内不准举行任何有政治色彩之集会为由，不准远东反战会议在租界公开举行。中国共产党对这次会议给予了多方面的支持。由于上海临时中央已于1932年底迁到江西中央苏区，中共江苏省委实际承担了临时中央留下的工作。6月18日，上海中共执行局给各级党组织下达了《关于欢迎国际反帝非战大同盟代表团来华及反帝大会的筹备通知》，要求开展大规模的宣传工作，并责成曾遭大破坏、重新恢复不久的江苏省委负责这次会议的组织工作。8月5日，中华苏维埃中央革命军事委员会主席朱德拍来了贺电。全文是：

> 上海民权保障大同盟宋庆龄女士转世界反帝非战代表大会：
> 我们正在进行组织更大规模的民族革命战争，反对日本帝国主义强盗的侵略，反对一切帝国主义瓜分共管中国，消灭帝国主义国民党向苏区红军的新的五次"围剿"时，得悉世界反帝非战代表大会将于9月在上海开幕，不胜雀跃！中国苏维埃中央革命军事委员会，谨代表中国的红军战士向大会致热烈的反帝非战的敬礼！近来一切事实证明，国际帝国主义者企图牺牲千百万和平人民的生命财产，加紧准备用战争来挽救自己的危机，把全世界陷入恐怖悲惨的境地。我们相信大会一定能在国际工人阶级和全世界被压迫民众的拥护之下，给这些血腥的强盗们以正当的处罚。大会将是世界的民众为消灭帝国主义，消灭帝国主义战争的奋斗的领导与组织者。中国工农红军苦战六年得到伟大的胜利。1930年以来，更击破了帝国主义国民党有名的四次"围剿"。我们消灭了国民党军阀二十师缴枪十余万，这不仅是中国民族革命战争最光荣的一页，也

正是我们献给大会最有礼貌的赠品。中国工农红军已经具有更坚实的力量。他们与苏联红军兄弟们一样站在反帝的最前线,为大会的有力的后盾。谨此电闻,并祝大会成功!

中华苏维埃中央革命军事委员会主席朱德
1933年8月5日,于赤都

但是,朱德拍发这份贺电的时候,民权保障同盟已经停止公开活动,具体负责大会组织工作的是中共江苏省委宣传部部长冯雪峰。组织工作包括选举上海群众代表、安排国际代表与上海群众见面、布置秘密会场等项内容。8月16日,105位中国著作家联名发表启事,对反战大会表示极端拥护,其中包括民权保障同盟成员鲁迅、胡愈之、郁达夫、洪深等。8月18日上午10时40分,出席远东反战会议的四名国际代表乘法国安得莱朋号客轮抵沪,在招商局中栈码头登陆。宋庆龄蔑视当局不许国际代表上岸的禁令,亲自上船去欢迎他们。前往码头欢迎的群众有二三百人。当国际代表登陆时,群众挥着红旗,高呼口号,散发中英文传单,并演奏军乐,鸣放鞭炮。在十分热烈的气氛中,国际代表乘汽车至华懋饭店(现改名和平饭店)下榻。同日,鲁迅又跟茅盾、田汉联名发表《欢迎反战大会国际代表的宣言》,指出中国民众"只有自己努力,只有联合世界劳动者,才能够把中国从瓜分的命运之中挽救出来"。

为了给破坏反战大会制造借口,日本帝国主义别有用心地把这次会议称为"共产党会议"。为此,马莱爵

士声明说,反战大会"实则并非共党会议,而为包括一切组织的会议,共产主义者包括在内"。伐扬·古久烈也答辩说:"自然,反战代表团的每件事都不能依照帝国主义者的意思的,它的任务是公开的,它的目的是明白指出了的!至于共产党员呢,反战任务不过是他们的最起码的任务。他们也加入这个会议,不过证明他们很愿意与不论哪一派政见的人们联合在同一的团体之内,只要他们诚意想以有效的方法反战。""最令人惊讶的是,凡反战的,凡诚心帮助中国自由统一的,几乎无不被称为共产党。是不是这意味着,只有在共产主义者里面,反动统治者才看得见帝国主义战争的有效的敌人呢?"

在反战代表团到达上海的前夕,上海反帝同盟的党团组织已遭破坏,书记刘芝明被捕,在同一机关被捕的有五六人。从8月18日至9月18日,参加筹备反战大会的群众又被逮捕了将近50人。《正路月刊》主编张耀华因列名于拥护反战大会的启事被解往南京执行死刑。接替刘芝明职务的左翼作家楼适夷于9月16日下午5时被绑架。租界的外籍侦探和国民党特务对国际代表跟踪盯梢,宋庆龄的寓所更受到严密监视。为了迷惑敌人,参加筹备工作的同志故意散布会议将不在上海举行和"难免流产"的说法。与此同时,又暗中安排国际代表在恒丰纱厂、瑞熔铁厂、复旦大学、上海美专等处讲演。9月14日、15日,还在沪东杨树浦召开了有数千工人、贫民参加的群众大会,声势更为浩大。

经过中共江苏省委的精心安排，远东反战会议终于在帝国主义者和国民党当局重重压迫阻挠之下秘密地召开了。会场外有一小队秘密纠察队骑着自行车巡逻。会场内发言和讨论都是在低声耳语之中进行的。全体与会者——包括外宾在内都盘腿坐在这座洋楼四楼的地板上。会场唯一的家具是一张供记录用的小桌。大会推举宋庆龄、三名国际代表、一名工人代表、一名苏区代表、一名东北沦陷区代表、两名义勇军代表组成主席团。宋庆龄任执行主席。大会还推举毛泽东、朱德、片山潜、鲁迅、高尔基、巴比塞、季米特洛夫、伏罗希洛夫、罗曼·罗兰、德莱赛、台尔曼等为名誉主席。由于地方小，代表多，室内非常闷热。宋庆龄拿一把折扇不停地扇着，时而还递给身旁的古久烈。上午，宋庆龄在会上作了题为《中国的自由与反战斗争》的报告。她说："虽然出席这个会议的代表人数为了明显的理由不得不受限制，可是这个较小的集会仍然充分地代表劳苦大众的利益，代表着他们抗议日本以及其他帝国主义者对中国人民的屠杀战争。"在发言中，宋庆龄愤怒地谴责了帝国主义的侵略行径和国民党政府的卖国政策，并深刻地阐明了反动的武力与革命的武力的原则区别。宋庆龄说：

帝国主义的支持者问我们："你们既然反对帝国主义战争和白色恐怖，那末为什么不反对革命中使用武力呢？"

对于这一个问题，我们可以明白地回答：革命阶级为反抗压迫而使用武力,是完全有理由的。被压迫人民为争取民族解放而使用武力,是完全正确的。在这两种情形之下,武装斗争是必需的,因为反动势力永远不会自动放弃它们的权力。

帝国主义战争、军阀战争、干涉苏维埃中国或是干涉苏联的战争、对民众的压迫和恐怖行动,这一切都是为了反动的目的。反动的武力只能以革命的武力来对抗。只有在这样的立场上,我们才可以明了目前中国民族革命危机中我们的任务。我们并不是反对一切战争。如果是这样,那我们就会直接受帝国主义者的利用,帮助他们来解除中国人民在目前和将来的斗争中的武装。我们是拥护中国的武装人民反对帝国主义的民族革命战争的。

只有在人民千百万地奋起的时候,中国才能获得解放。法国人民在大革命中反对优势的外国侵略者的斗争,俄罗斯的工农击退一切帝国主义者的联合武力的斗争,这种历史的先例指示了中国人民的出路。

宋庆龄发言后,马莱报告了国际反帝反战情形,苏区红军代表报告了苏区工农群众生活斗争情况。中午,宋庆龄跟代表们一样,吃的是面包夹果子酱。下午,大会通过了《反对帝国主义战争反法西斯蒂的决议及宣言》《反对白色恐怖的决议》《反对帝国主义进攻苏联红军的抗议书》《反对帝国主义国民党对苏区红军的五次"围剿"的抗议书》。最后成立远东反帝反战同盟中国分盟，选举宋庆龄为主席，与会代表为执行委员。傍晚，会议胜利闭幕。宋庆龄宣布散会。代表们按事先的规定，分头从前门和后门两处疏散。一个门走两三个人，五分钟走一批。这样，一个钟头撤出了全部代表，一点也没有惊动敌人。宋庆龄最后才撤走，由"主妇"梁文若护送她回家。宋庆龄对安排她后走的做法表示很满意。

10月2日，上海很多报纸刊登了《反战会议秘密开会》的报道，并详细登载了会议的通电、宣言、决议，群众争相购阅，深受鼓舞。10月4日，上海报纸刊登了国际代表乘中东铁路公司驻沪办事处所租用的挪威货轮阿斯岂尔登号离沪的消息，并说"本埠之警务当局，曾竭力侦查（会议地址），迄于今日犹未得详报也"。不久，敌人搜查大连湾路那幢洋楼，发现空房里的浴缸、马桶里装了许多大小便，又在附近街头发现了庆祝会议胜利的标语传单，才知道这座毗邻公共租界捕房侦探头目寓所的楼房，就是他们妄图破坏但未得逞的远东反战会议的会址。①

---

① "在极其困难的条件下出色地召开了反帝大会"，是共产国际联络局吸收宋庆龄入党的一个重要原因。但也有共产国际代表认为，宋庆龄一旦成为党员，也就失去其特有价值了。

1933年,宋庆龄在上海留影。

尾声:"我一生的莫大光荣"

在宋庆龄进入不惑之年后,她又为祖国和人民服务了48年。

1935年8月1日,中国共产党发表《为抗日救国告全体同胞书》(简称《八一宣言》)号召全国人民团结起来,停止内战,抗日救国。宋庆龄响应《八一宣言》,投身抗日救亡洪流,为民族争独立。

1938年,抗日战争全面爆发之后,宋庆龄在香港发起组织"保卫中国同盟",摒弃前嫌,团结在政治上长期与她分道扬镳的宋子文、孙科作为保盟的发起人,致力于战时接济伤兵、难民和儿童保育工作。香港沦陷后,宋庆龄与宋蔼龄、宋美龄在重庆牵手继续支持抗战。在8年多的艰苦岁月里,她以她的崇高声望和博大爱心募集了大批医药和援助物资,给中共领导下的陕甘宁边区和其他革命根据地以及时和切实的支援。抗日战争胜利后,一心向往和平建国的宋庆龄,将"保卫中国同盟"改为"中国福利基金会",从事妇幼卫生、文化教育和社会救济等福利事业。

1949年初,中国革命已取得决定性胜利。毛泽东、刘少奇、朱德、周恩来于1月19日致电宋庆龄,热情邀请她北上参加新的政治协商会议。2月20日,宋庆龄复信说:"请接受我对你们极友善的来信之深厚的感谢。非常抱歉,由于有炎症及血压高,正在诊治中,不克即时成行;但我的精神是永远跟随着你们的事业。我深信,在你们的英勇、智慧的领导下,这一章历史——那是早已开始了,不幸于23年前被阻——将于最近迎来光荣的完成。"

同年6月30日,中共中央华东局、中共上海市委举行庆祝中国共产党成立28周年大会,宋庆龄在会上用诗一般的语言歌颂中国共产党:"这是中国人民生活中的一个最伟大的时期。我们的完全胜利已在眼前。向人民的胜利致敬!……欢迎我们的领导者——这诞生在上海,生长在江西的丛山里,在二万五千里长征的艰难困苦中百炼成钢,在农村的泥土里成长的领导者。向中国共产党致敬!"

1949年8月28日,在邓颖超、廖梦醒等陪同下,宋庆龄抱病北上,毛泽东、周恩来、朱德、林伯渠、董必武、廖承志、郭沫若等50余人到北京火车站迎接。

9月下旬,在中国人民政治协商会议第一届全体会议上,宋庆龄当选为中央人民政府副主席。会上,宋庆龄激情洋溢地说:"今天,中国是一个巨大的动力,中国人民在前进,在革命的动力中前进。这是一个历史的跃进,一个建设的巨力,一个新中国的诞生!我们达到今天的历史地位,是由于中国共产党的领导。这是唯一拥有人民大众力量的政党。孙中山的民族、民权、民生三大主义的胜利实现,因此得到了最可靠的保证。"她热烈号召:"同志们,让我们现在就着手工作,建立一个独立、民主、和平与富强的新中国,和全世界的人民联合起来,实现世界的持久和平。"

同年10月,宋庆龄在《致中国福利基金会全体工作人员》信中说:"中央人民政府的成立,是中国历史上和世界历史上的一个重大成就。我能成为这个政府的一员,是我一生的莫大光荣。"

1951年9月18日,宋庆龄在北京接受了1950年度"加强国际和平"斯大林国际奖金。这是对宋庆龄投身于反对帝国主义侵略战争,保卫世界和平斗争的最高褒奖。她将全部十万卢布的奖金捐献创办国际和平妇幼保健院。

宋庆龄一生都特别关心劳苦大众、妇女和儿童,儿童工作在她心目中更是占有特别重要的地位。保盟在香港向全世界发出的第一份有插图的传单是"救救我们的战灾儿童"。她一生中最后一篇文章《愿小树苗健康成长》[①]也是写给儿童的。文中,她充满深情地对孩子们说:"每当我想到你们,我的眼前就浮现出那些充满生机的小树苗……在肥沃的土地上扎根,在和煦的阳光下

---

① 这篇文章原是为1981年的"六一"国际儿童节准备的,但由于当时宋庆龄病情严重,提前到5月21日发表在《人民日报》上。

成长……"

　　1981年5月29日20时18分，中华人民共和国缔造者之一，举世闻名的爱国主义、民主主义、国际主义、共产主义的伟大战士宋庆龄病逝于北京，弥留之际加入中国共产党，并被全国人大常委会授予中华人民共和国名誉主席荣誉称号。

图书在版编目（CIP）数据

宋庆龄 / 陈漱渝，梁雁著 . -- 北京：中国青年出版社，2024.2
（杰出人物的青少年时代）
ISBN 978-7-5153-7230-3

Ⅰ . ①宋… Ⅱ . ①陈… ②梁… Ⅲ . ①宋庆龄（1893-1981）– 生平事迹 – 青少年读物 Ⅳ . ① K827=7

中国国家版本馆 CIP 数据核字（2024）第 039162 号

总策划：皮钧 陈章乐
责任编辑：李文华
出版发行：中国青年出版社
社址：北京市东城区东四十二条 21 号
邮政编码：100708
网址：www.cyp.com.cn
门市部：010-57350370
编辑部：010-57350504
印刷：北京科信印刷有限公司
经销：新华书店
开本：880 mm × 1230 mm　1/32
印张：9.75
字数：195 千字
版次：2024 年 2 月北京第 1 版
印次：2024 年 2 月北京第 1 次印刷
定价：45.00 元

本图书如有印装质量问题，请凭购书发票与质检部联系调换
联系电话：（010）57350337